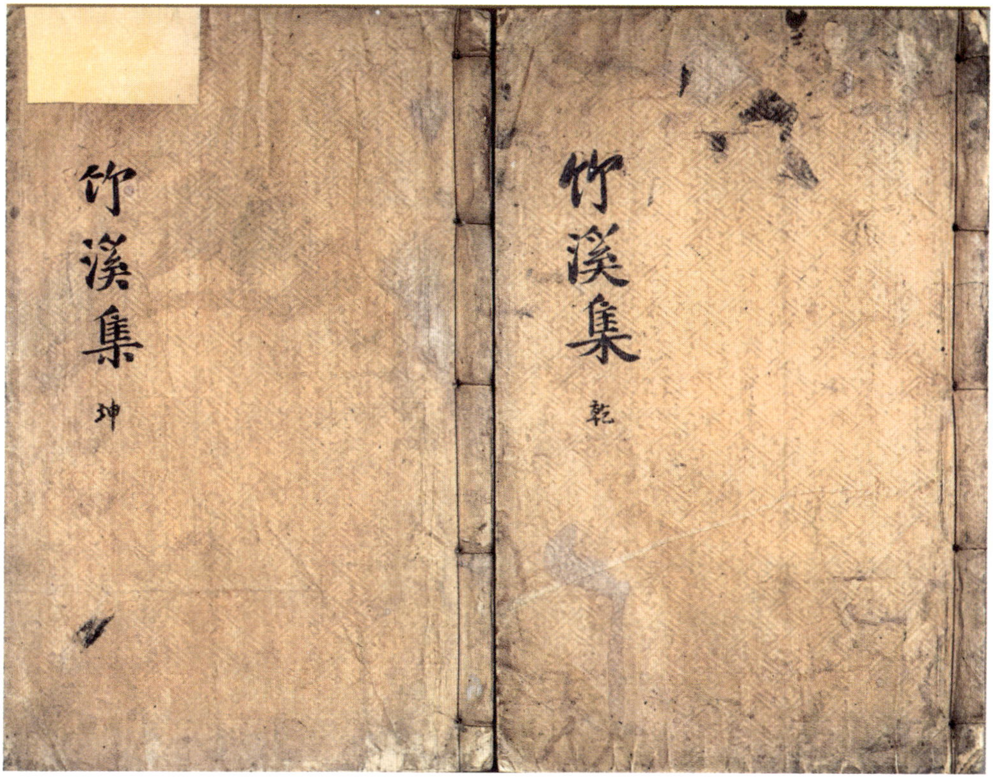

《竹溪集·乾》《竹溪集·坤》封面

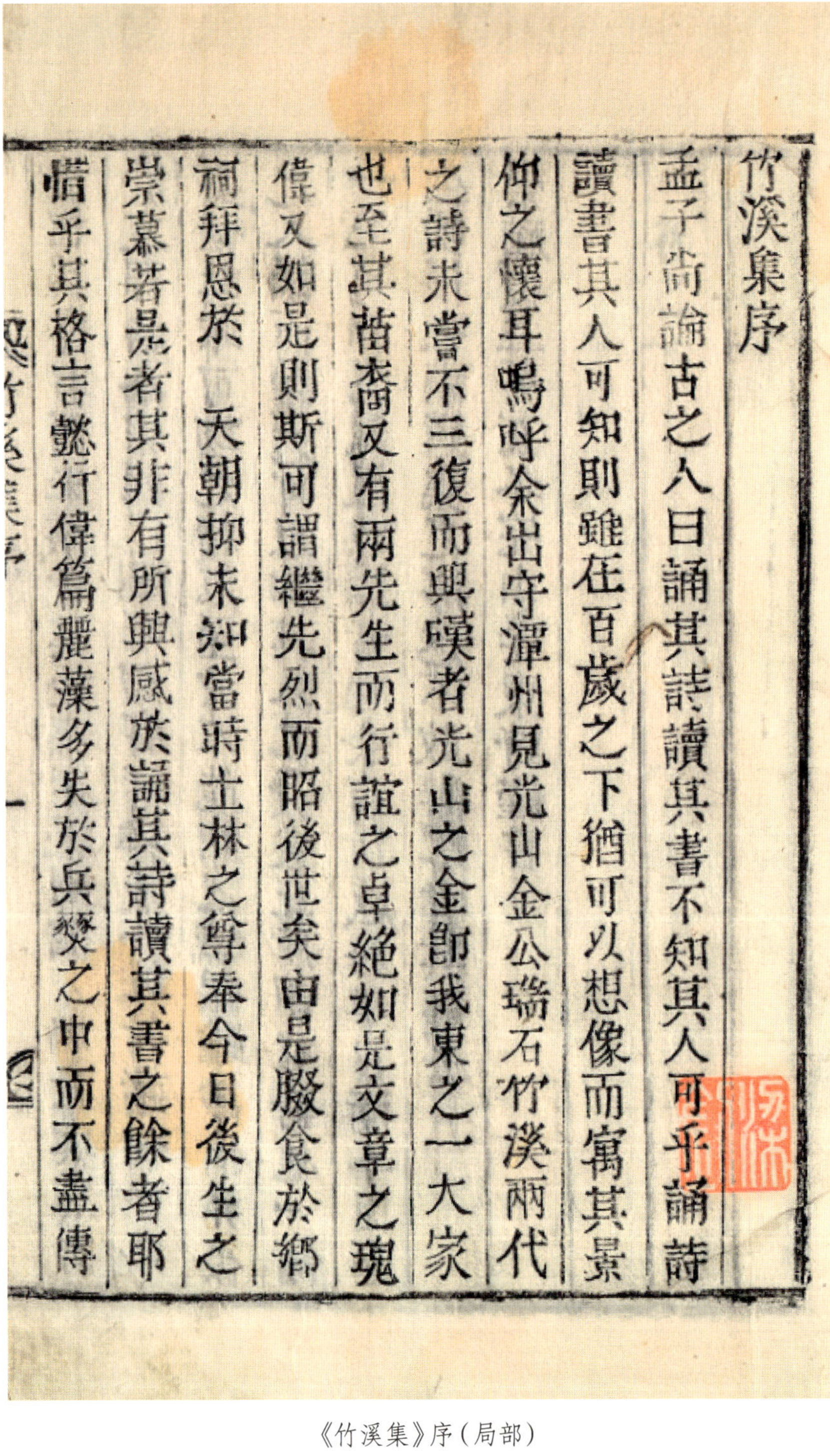
竹溪集序
孟子尙論古之人曰誦其詩讀其書不知其人可乎誦詩
讀書其人可知則雖在百歲之下猶可以想像而寓其景
仰之懷耳嗚呼余出守潭州見光山金公瑞石竹溪兩代
之詩未嘗不三復而興嘆者光山之金卽我東之一大家
也至其苗裔又有兩先生而行誼之卓絶如是文章之瓌
偉又如是則斯可謂繼先烈而昭後世矣由是腏食於鄕
祠拜恩於　天朝抑未知當時士林之尊奉今日後生之
崇慕若是者其非有所興感於誦其詩讀其書之餘者耶
惜乎其格言懿行偉篇麗藻多失於兵燹之中而不盡傳

《竹溪集》序（局部）

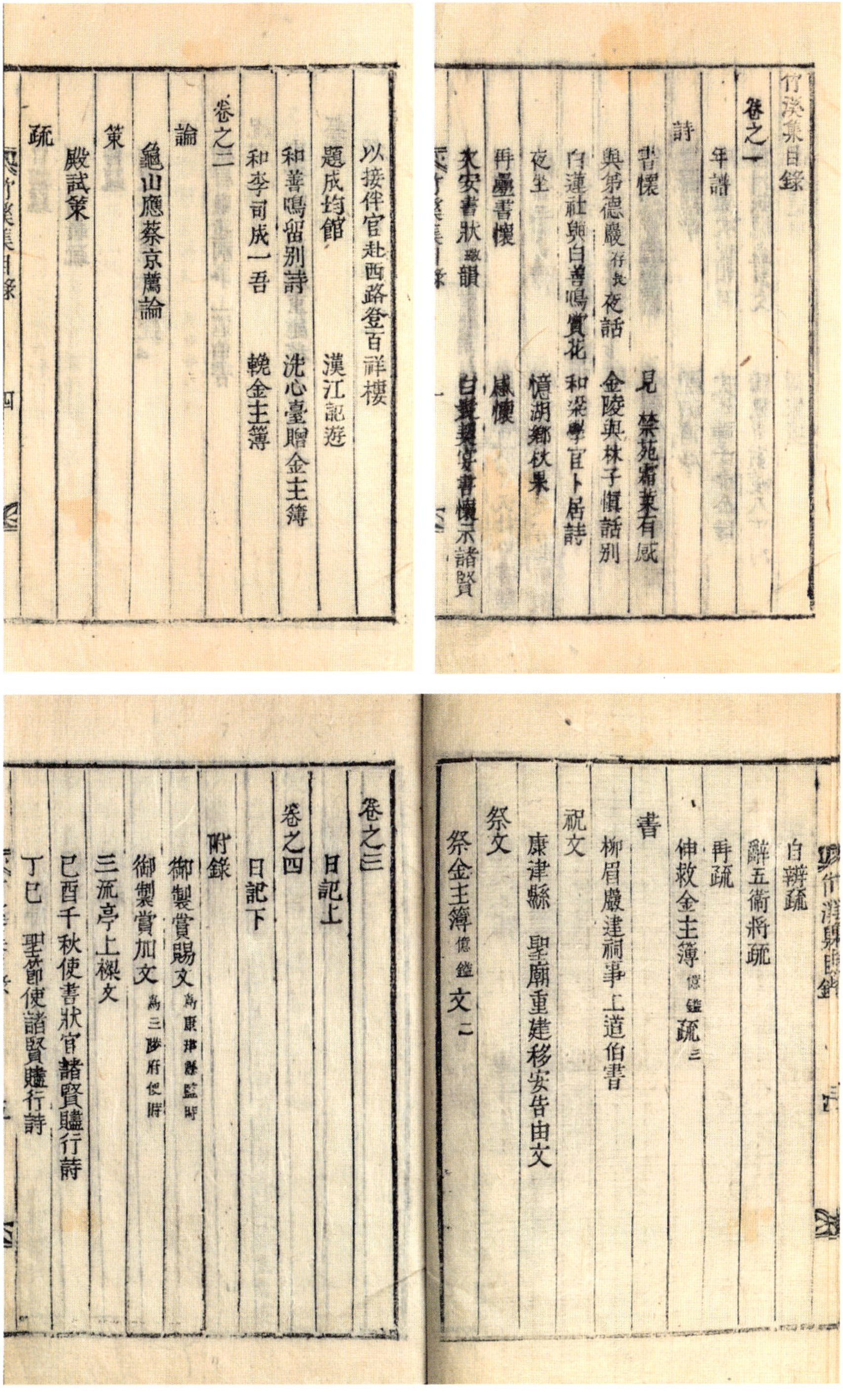

竹溪集目錄

卷之一

年譜

詩

書懷　見 禁苑霜葉有感

與弟德巖存良夜話　金陵與林子慎話別

白蓮社與白善鳴賞花　和梁學官卜居詩

夜坐　憶湖鄉秋景

再疊書懷　感懷

次安書狀敬韻　白戴與安書懷示諸賢

以接伴官赴西路登百祥樓

題成均館　漢江記遊

和善鳴留別詩　洗心臺贈金主簿

和李司成一吾　輓金主簿

卷之二

論

龜山應蔡京薦論

策

殿試策

疏

自辨疏

辭五衛將疏

再疏

伸救金主簿億鎰疏三

書

柳眉巖建祠事上道伯書

祝文

康津縣 聖廟重建移安告由文

祭文

祭金主簿億鎰文二

卷之三

日記上

卷之四

日記下

附錄

御製賞賜文爲康津縣監時

御製賞加文爲三陟府使時

三流亭上禊文

己酉千秋使書狀官諸賢贐行詩

丁巳 聖節使諸賢贐行詩

《竹溪集》目录（组图）

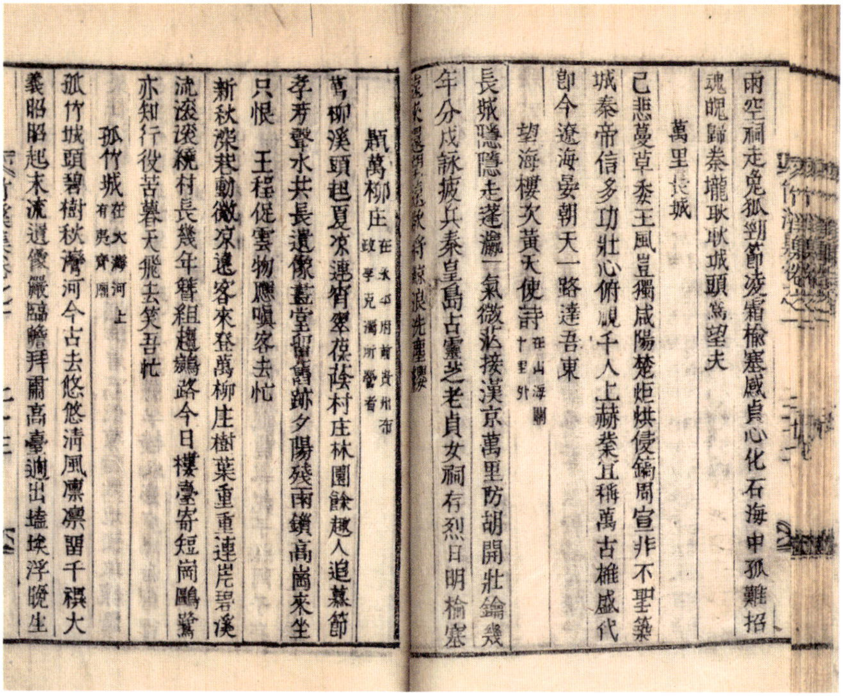

雨空祠走兔狐勁節凌霜榆塞感貞心化石海中孤難招
魂魄歸來壠耿耿城頭爲望夫

萬里長城

己悲蔓草委王風豈獨咸陽楚炬烘侵鎬周宣非不聖築
城秦帝信多功壯心俯視千人上赫業宜稱萬古雄盛代
即今遼海晏朝天一路達吾東

望海樓次黃天使詩 在山海關十里外

長城隱隱走蓬瀛一氣微茫接漢京萬里防胡開壯鑰幾
年分戍詠披兵秦皇島古靈芝老貞女祠存烈日明榆塞

題萬柳庄 在永平府前貴州布政李克濁所營者

萬柳溪頭起夏凉連宵翠葆蔭村庄林園餘趣人追慕節
孝芳聲水共長遺像畫堂留舊跡夕陽殘雨鎖高崗來坐
只恨 王程促雲物懨懨客去忙

新秋柒巷動微凉遠客來登萬柳庄樹葉重重連岸碧溪
流滚滚繞村長幾年簪組趨鵷路今日樓臺寄短岡鷗鷺
亦知行役苦暮天飛去笑吾忙

孤竹城 在大凌河上有夷齊廟

孤竹城頭碧樹秋灤河今古去悠悠清風凜凜留千禩大
義昭昭起末流遺像儼臨瞻拜爾高臺逈出墟埃浮曉生

《竹溪集》使行诗（局部）

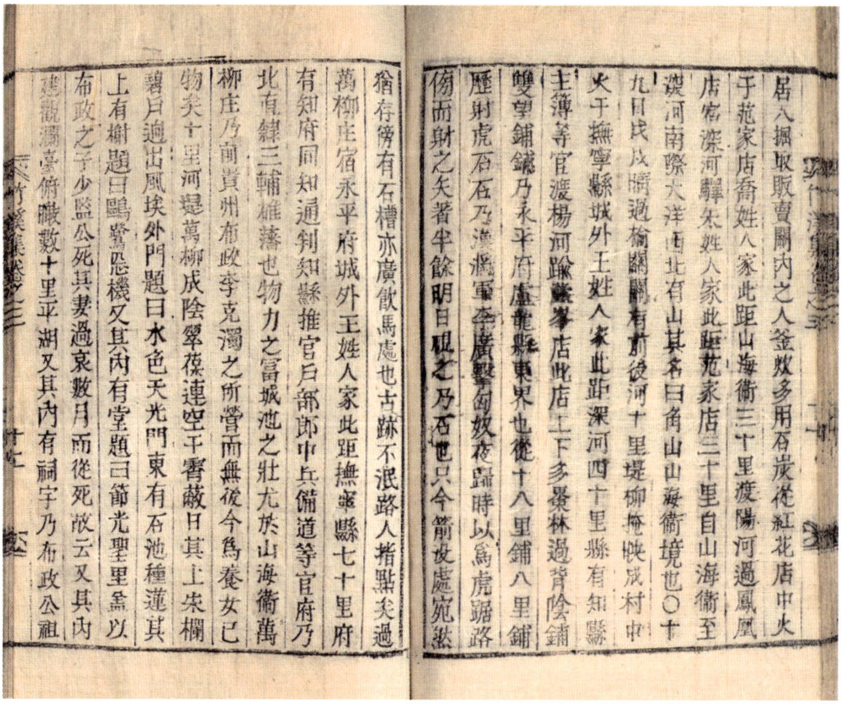

居人掘取販賣關内之人釜炊多用石炭從紅花店中火
于范家店喬姓人家此距山海衛三十里渡陽河過鳳凰
店宿灤河驛朱姓人家此距范家店三十里自山海衛至
灤河南際大洋西北有山其名曰角山山海衛境也○十
九日戊戌曉過榆關關有前後河十里堤柳掩映成村中
火于撫寧縣城外王姓人家此距深河四十里縣有知縣
主簿等官渡楊河蹤叢峯店此店上下多桑林過背陰鋪
雙望鋪鐵乃永平府盧龍縣東界也從十八里鋪八里鋪
歷射虎石石乃漢飛軍李廣擊匈奴夜歸時以爲虎蹲路
傍而射之矢著半餘明日視之乃石也只今箭投處宛然
猶存傍有石槽亦廣飲馬處也古跡不泯路人指點矣過
萬柳庄宿永平府城外王姓人家此距撫寧縣七十里府
有知府同知通判知縣推官戶部郎中兵備道等官府乃
北直隸三輔雄藩也物力之富城池之壯尤於山海衛萬
柳庄乃前貴州布政李克濁之所營而無後今爲養女已
物矣十里河堤萬柳成陰翠葆連空干霄蔽日其上朱欄
碧戶逈出風埃外門題曰水色天光門東有石池種蓮其
上有樹題曰鷗鷺忘機又其内有堂題曰節光聖里爲以
布政之子少監公死其妻過哀數月而從死故云又其内
建觀瀾臺俯瞰數十里平湖又其内有祠宇乃布政公祖

《竹溪集》使行日记（局部）

域外典籍与中韩文化

朝鲜金存敬与《竹溪集》研究

梁　钊　刘金柱　著

河北大学出版社
·保定·

出 版 人：朱文富
责任编辑：田　阳
装帧设计：赵　谦
责任校对：姚萌萌
责任印制：常　凯

图书在版编目（CIP）数据

域外典籍与中韩文化 ：朝鲜金存敬与《竹溪集》研究 / 梁钊，刘金柱著． -- 保定 ：河北大学出版社，2021.12

ISBN 978-7-5666-1951-8

Ⅰ．①域… Ⅱ．①梁… ②刘… Ⅲ．①古籍研究－朝鲜 Ⅳ．① Z131.2

中国版本图书馆 CIP 数据核字 (2021) 第 257491 号

YUWAI DIANJI YU ZHONG HAN WENHUA
CHAOXIAN JIN CUNJING YU《ZHUXI JI》YANJIU

出版发行：河北大学出版社
地址：河北省保定市七一东路2666号　邮编：071000
电话：0312-5073003　0312-5073029
网址：www.hbdxcbs.com
邮箱：hbdxcbs818@163.com
印　　刷：保定市北方胶印有限公司
幅面尺寸：170 mm × 240 mm
字　　数：207千字
印　　张：15.75
版　　次：2021年12月第1版
印　　次：2021年12月第1次印刷
书　　号：ISBN 978-7-5666-1951-8
定　　价：88.00 元

序

有史以来，地缘相近的中韩两国在文化上交流频繁、关系密切。两国同属汉字文化圈，自古韩国文士积极汲取中国文化，并且加以本土化和创新化，进而形成新的文化。特别值得注意的事实是，古代使臣在使行过程中购买和阅读书籍，促进了文化的直接交流。

我们可以通过八景文化和九曲文化来理解中韩两国的文化。潇湘八景和武夷九曲很早前便传入韩国并得以扎根，这两种文化时而协作，时而竞争，从而逐渐形成了韩国的一种高层次文化，这种文化延续至今。这两种文化蕴含着奇数和偶数的阴阳理论，其中有东亚普遍文化原理在起作用。

目前，韩国有不计其数的古籍文献，关于此类资料的整理工作也在持续进行。但是，就目前韩国人对古文的学习和普遍掌握程度而言，这项工作极其不易。因此，韩国政府投入大量经费来鼓励对古籍的整理工作。在此过程中，我们自然而然地赋予了此项工作以东亚价值和展望，因为这些古籍中蕴含着克服西方中心主义弊病的智慧。

本人工作的庆北大学图书馆藏有三百五十万册现当代书籍和七万册古籍。在众多古籍中，诸如庐以渐的《随槎录》等中国使行录不在少数。这些古籍中记录了当时中国文化的具体现象和审视中国的异域视角，是了解中国文化和他者视角的一手资料。

最近，中国学界对域外典籍较为关注，尤其是对韩国古籍进行了多角度的介绍和研究。从东亚文化交流的层面来看，这是值得庆幸的事情。不过，从已研究的韩国文献数量来看，目前的研究只是冰山一角。从中韩两国共享文明史的角度来看，对韩国古籍的研究应该从根本问题入手来进行探讨。其中，对典籍的发掘应该是深入研究的基本。

在探讨中韩文化交流之时，朝鲜时代的使行录是最重要的资料。金昌业的《老稼斋燕行日记》、洪大容的《湛轩燕记》、朴趾源的《热河日记》是最具有代表性的使行录，此外，金景善的《燕辕直指》也具有上述三部作品的特质。古代中韩使行路线贯穿河北省，所以河北可以说是中韩文化交流的重镇。我想，河北大学久负盛名，学者众多，能够担当此项有意义的工作。

此书由梁钊博士和刘金柱教授执笔，上半部研究缜密，下半部校注翔实。本书的研究对象《竹溪集》尚未被中韩学界所熟知，发掘并整理此类典籍具有特别的意义。金存敬作为韩国历史上具有代表性的礼学家金长生的弟子，两次以圣节使出使明朝，在使行过程中留下了大量与中国相关的诗文。所以，对《竹溪集》的发掘和整理，在中韩文化交流史上具有重要的学术史价值。

除此之外，本书的出版还具有以下几点意义。第一，《竹溪集》尚未被《韩国文集丛刊》收录，但属于珍贵的古籍，对其进行全面研究将会在中韩学界引起反响。第二，《竹溪集》所载诗歌和日记中，多半与出使中国有关，其中又不乏中国史书中未记载的燕赵文化，对于复原燕赵文化景观可称得上是他山之石。第三，对《竹溪集》进行校对，并校注出了文集中涉及的人名、地名等，便于读者了解《竹溪集》这部珍贵典籍，也有助于读者了解韩国的历史文化。

本书的出版不仅有助于中国学者研究域外典籍，我想韩国学者也会阅读此书并进行探讨。鉴于如此重要的成果出版，我要向两位作者表示祝贺，也希望通过此书可以推进中韩文化交流史的研究。

郑羽洛

2021 年 9 月

（作者系韩国国立庆北大学教授、图书馆馆长）

目　录

研究论稿

原典校注

研究论稿

前言　他山之石：域外典籍与中韩文化

近代以来，随着“西势东渐”，“西方中心主义”成了东亚各领域的标尺之一，我们在对待和审视自己的传统文化与历史传承之时，“二元对立”式的判断准则惯用已久，仿佛只有“东以西鉴”才能认识自我，抑或凸显出我们的进步。然而，在“东升西降”的世界大变局下，我们需要重新树立判断准则和文化自信，也需要建立新时代的世界观。

近些年来，比起“全球化”，“亚洲”和“东亚”等关键词更被我们所关注。在历史上，“东亚文化圈”“汉字文化圈”“儒家文化圈”等词汇可以概括东亚的整体特征和内部认同。东亚诸国地缘相近、人缘相亲、文缘相通，数千年来形成了“通而不同”的文化现象，这也是区分东亚文化圈与其他文化圈的主要特征。在这个整体内，随着汉文化的传播、影响、接受、变容，无数个体也逐渐进行了本土化与个性化的发展。这便是绚烂多彩的东亚文化，也是东方复兴的文化基础。

在国内学界，胡适（1891—1962）早在1938年便发文指出日韩等域外典籍的重要性，吴晗（1909—1969）在20世纪60年代述介了《热河日记》《漂海录》等韩国古代典籍，这也成为中国学界关注韩国典籍的重要标志。近期，“以地理上的周边看中国”之学说备受关注，诸多学者认为通过周边国来“揽镜自鉴”是重新认识中国的良好路径。[①] 中国作为幅员辽阔的大国，仅陆上邻国便多达十四个，这些邻国在时空中均与中国有着解不开、绕不过的文化交集。我们周边有无数面镜子，既可以多元自鉴，亦可以重构整体。所以，“西方为镜”的历史需要被重新思考，“以邻为镜”的意识与方法需要被重新提起。

在国外学界，学者们对待东亚的态度是不同的。如日本早期提出的“大东亚”研究议题，因当时社会现况、地域条件等因素从而带有很强的政治色彩，尽管后来部分日本学者开辟了“东亚海域史”等新的研究领域[②]，但其强调自我、彰显自我的倾向也未曾减弱。近期，亦有日本学者以东亚古代朝贡册封体系来审视东亚[③]，但终归止步于国与国之间的国际结构和国际关系研究，尚未达到审视整个东亚的高度。自 1945 年以后，韩国学者开始挣脱“殖民史观”，他们开始重写历史、重塑形象、重归自我。有人认为，韩国学者强调“东亚整体性”，可以消减中国在东亚的笼罩性影响，从而使得朝鲜半岛具有“独立性”和“独特性”。[④] 这些尝试和研究推动着我们重认东亚、重构东亚。

总之，将东亚作为背景、将中国作为核心来重构对世界的认知是可取的、可行的。但是，将中国从东亚中剥离、将研究中国作为唯一目的是偏执的、偏褊的。我们应该始终认识到东亚诸国“我中有你”“同中有异”的文化交融关系。

中韩两国自古是传统东亚文化圈的重要组成部分，在历史上，两国就在文化上高度认同。高丽末期的武臣朴礎（1367—1454）评价道：

---

① 葛兆光：《揽镜自鉴——关于朝鲜、日本文献中的近世中国史料及其他》，《复旦学报（社会科学版）》，2008 年第 2 期，第 2—9 页。

② 王鑫磊：《同文书史——从韩国汉文文献看近世中国》，复旦大学出版社，2015 年，第 9—10 页。

③ ［日］夫马进著，伍跃，凌鹏译：《朝鲜燕行使与朝鲜通信使》，商务印书馆，2020 年。

④ 王鑫磊：《同文书史——从韩国汉文文献看近世中国》，复旦大学出版社，2015 年，第 10 页。

“我国家自庚寅癸巳以上，通儒名士，多于中国，故唐家以为君子之国，宋朝以为文物礼乐之邦，题本国使臣下马所曰：‘小中华之馆’。”[①]可见，奉我国为中华的高丽，因汲取儒学而受到唐宋两朝的赞扬，从而也树立了其文化自信，这种“小中华”自豪感一直持续到20世纪初。

众所周知，朝鲜半岛是最早接受中华文化的地区之一，更是汉文化水平较高的地区。对朝鲜半岛汉文化的研究并非从现代开始，如唐宋两朝便关注到新罗和高丽的儒学水平，又如明末清初的学者尤侗（1618—1704）对朝鲜[②]评价道：

高句丽降下句丽，未若朝鲜古号宜。
千里王京陈百戏，汉城犹见汉官仪。

长衫广袖折风巾，硾纸狼毫汉字真。
自序世家传国远，尚书篇内九畴人。

杨花渡口杏花红，八道歌谣东国风。
最忆飞环女道士，上梁曾到广寒楼。[③]

不难看出，当时中国文士对朝鲜半岛的文化是高度认同的。当然，这是基于朝鲜半岛的“汉官仪”和“东国风”，即他们对汉文化有着高度的融通性和变通性。这便印证了前面所提到的东亚文化圈的特质——通而不同。“相通”则有“仪”，“不同”则成“风”。这便是我们需要研究韩国典籍的缘由之一。

---

① ［朝］徐居正等编：《东文选》卷之五十三，朝鲜刻本，第27页。

② 朝鲜：本书中出现的朝鲜或朝鲜时期均指1392年至1910年朝鲜半岛历史上最后一个统一的封建王朝。

③ ［清］尤侗：《外国竹枝词》，清代刻本，第2—3页。

我们从清代文士与朝鲜文士的对话中，也可以看出自唐宋至明清两国的文化认同情况。

> 又曰："贵邦文字亦遵朱子乎？"余曰："经与礼，一遵朱子，无敢少差。"蓉洲曰："中庸云书同文，信不诬矣。"余曰："弊邦慕尚中国，衣冠文物，仿佛华制，自古中国或见称以小中华，惟言语尚不免夷风为可愧。"蓉洲曰："久仰贵邦人物俊雅，风俗醇厚，不减中华。至于土音，又何害焉？且以中国言之，东西南北，语亦不类，而朝廷取士用人，亦并不以此而别。"①

被誉为朝鲜后期实学派代表人物之一的洪大容（1731—1783）曾出使中国，并其将沿途所见所闻所感皆化为文字，以昭国内文士。他积极与清朝文士交流，在笔谈中袒露出朝鲜学习中华之衣冠与制度是荣幸自豪之事。当谈及"土音"之时，清代文士孙蓉洲很明确地解读了"醇风"与"夷风"的关系，表达了对朝鲜人物和风俗的认可。

可见，作为东亚文化圈重要组成部分的中韩两国在交流中形成了一道悠久且独特的文化风景，本书在认同诸位先学卓见的基础上，试图运用域外典籍探究同属东亚的中韩文化，以期为重新诠释东亚文化做一些贡献。

韩国的典籍众多，从文字来看可分为汉文典籍与谚文典籍。汉文典籍包括教旨、咨文、表文等官方文书以及族谱和文史集等，谚文典籍包括谚文小说、时调歌辞集等。针对韩国汉文典籍的研究已然颇丰，在此本书仅提出今后研究的几点方向。

第一，应选取具有东亚儒学普遍性和代表性的域外典籍进行研究。至此，国内已陆续出版了《栗谷全书》《花潭集校注》《晦斋集校注》

---

① ［朝］洪大容：《湛轩书》卷七，朝鲜刻本，第46页。

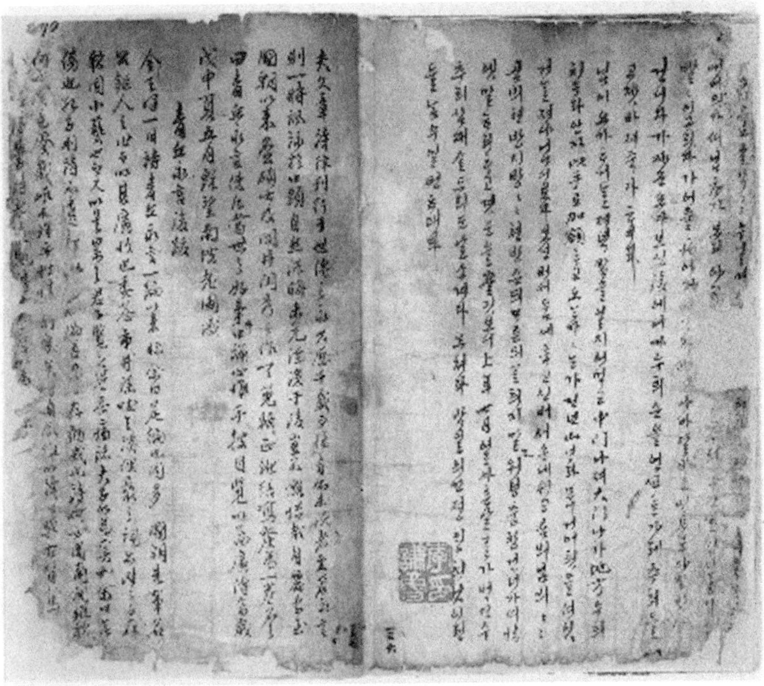

朝鲜时期编撰的谚文诗歌时调集《青丘永言》

《南冥集校注》《热河日记》《崔浦漂海录校注》等韩国汉文典籍的校注读本，这些典籍的作者均为朝鲜时期具有代表性的儒士，他们的思想与著作具有东亚儒学普遍性，也展现了很高的汉文水平。以上校注读本均被编入《韩国文集丛刊》（共三百五十册），属于中韩学界认知度比较高的典籍。发掘更多尚未整理且具有东亚普遍性和代表性的典籍是今后研究的一个重要方向。

第二，应选取与中国具有密切关系的域外典籍进行研究。韩国典籍从文化角度或思想层面来说，很难说有哪一部与中国无关，这里所说的“具有密切关系”指大量引经据典、大书中国风貌的典籍。如朝鲜岭南学派两大高峰之一的曹植所著《南冥集》中的汉诗，有四分之一运用了中国典故，以此来咏史警世、明志表趣，这便说明了朝鲜文士与中华文化有着千丝万缕的联系。又如《崔浦漂海录》等均为朝鲜士人的中国纪行日记，亦被称为中国见闻录。具有外交性质的“朝天录”“燕行录”和《沈阳日记》等更是直接书写中国的范本。具备以上条件的域外典籍便是研究“中国与东亚”的典型文本，也是证明中韩文化共性和特性的有利佐证。

基于以上问题意识，本书选取朝鲜文臣金存敬（1569—1631）与《竹溪集》作为研究对象来探讨东亚范畴内的中韩文化。首先，金存敬幼承家学，访拜名师，结交文士，从研习中国经典开始，逐步成为学者型文臣。他悉遵仪礼，兼具国之大义与家之章法，被后世称为楷模。其次，《竹溪集》存世量稀少，尚未被收录到《韩国文集丛刊》等工具性图书中，其对于研究东亚文化而言，属于珍贵典籍。从内容上来看，它反映了家族、地域、国家之历史和文脉。文集所收录的诗歌发于情，文章基于义，在文学思想上具有一定价值。其次，金存敬两次出使明朝，《竹溪集》中有大量诗文描写中国，是不可多得的珍贵史料。此外，其亲故的送行诗情真意切，也反映了当时的社会风貌与文人风雅等。最后，《竹溪集》中的俚语等所代表的“东国风”也是探讨汉文化圈文化多样性和域外语言文字的宝贵资料。

为全面呈现金存敬其人和其作《竹溪集》，本书共分为两个部分。第一部分为“研究论稿”，从分析人物和作品特征来展现16、17世纪的中韩文化风貌，特别是发掘《竹溪集》之于中国文化的独特史料价值。第二部分为“原典校注”，从目前调查来看，《竹溪集》仅存三部，属于珍贵典籍，中韩学界尚未对其进行研究。本书欲通过录文和校注来立体呈现这一珍贵域外典籍样貌，以备后续研究和诸方家批评。

第一章　汉官威仪：金存敬的生平与学问

纵观历史，朝鲜半岛虽政权更替，但其文脉延续不断，特别是与中华文化之渊源极为明显。早在唐朝，新罗的崔致远（857—?）在十二岁之时便入唐求学，他肩负着家族使命，怀揣着远大理想，终在留唐七年后在宾贡科及第。崔致远凭借其卓然出众的政治才能和笔酣墨饱的文章功力名震唐罗两国，其文集《桂苑笔耕集》中的作品既与中华文化一脉相承，又有别于晚唐诗风而独树一帜。其作品包容三教，又不乏平易近人之感。周世鹏（1495—1554）对此评价道："孤云入大唐檄黄巢，名动天下。遂为东方文章之祖，至于配食文庙。然负大名东归，东人望之若神仙中人。其平生所历一水一石，至今犹称道不

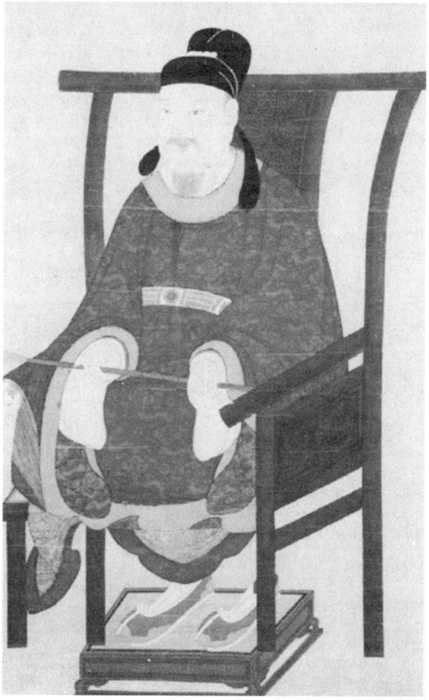

崔致远画像

衰。诚使孤云昌言排之，则五百年高丽，未必陆沈于佛若是之酷也。”①

在丽末鲜初，理学传入朝鲜半岛，其主要路径有两种，一是前往宋朝留学的高丽儒生，他们归国后成了传播理学的生力军；二是金良鉴（生卒年不详）、尹彦颐（1090—1149）等高丽使臣出使宋朝时，积极购买书籍，这使得朝鲜半岛的文士开始深入研究理学。特别值得注意的是，13 世纪末朱子学传入高丽形成的理学思潮成为朝鲜半岛思想史上的一个转折点，也造就了东亚儒家文化多样性发展的契机。1289 年，安珦（1243—1306）出使宋朝，素来仰慕朱子的他抄录朱子书、摹写朱子像，这也成就了朝鲜半岛朱子学的滥觞。1298 年，白颐正（1247—1323）随王护驾至元大都，一去便是十年光景，这期间他研读理学，并将朱子的《家礼》和程朱理学的其他相关典籍带回国内。重返故国之后，他培养后学，李齐贤（1287—1367）、朴忠佐（1287—1349）、李谷（1298—1351）、白文宝（1303—1374）等大学者均是他的门生。

朝鲜建国之初，为强化中央集权，也为确立内外正统性，统治者奉朱子学为宗。因此，朱子学得以蓬勃发展，其主力军为上述人物学脉之继承者。比如李谷之子李穑（1328—1396）继承家学，李穑的弟子郑梦周又成为一代理学宗师。朝鲜有儒士写道：“朝廷议以郑梦周、郑汝昌、金宏弼东国理学之宗，宜极褒崇，以示尊尚之义。”② 之后，理学之道统得到延续并加以强化，“东国理学始于圃隐，兴于寒蠹，盛于静退栗尤”③。圃隐即郑梦周，寒蠹乃金宏弼、郑汝昌，静、退、栗、尤分别是赵光祖（1482—1519）、李滉（1501—1570）、李珥（1536—1584）、宋时烈（1607—1689）。

---

① ［罗］崔致远：《孤云集》孤云先生事迹，朝鲜刻本，第 11 页。

② ［朝］郑汝昌：《一蠹集》卷三，朝鲜刻本，第 12 页。

③ ［朝］林宗七：《屯坞集》卷二，朝鲜刻本，第 7 页。

李珥的弟子中，金长生（1548—1631）深得其真传，声名显赫，尤其在礼学上造诣深厚。本书探讨的金存敬就在金长生门下修学，曾言“先生亲爱而劝奖”①。可见，金存敬受教于东国理学大家，建树于朝鲜道统，但其学问根源可以追溯至中华文化。

第一节 金存敬的家学师承与义理实践

金存敬字守吾，号竹溪，世称竹溪先生。他于 1569 年正月三十日出生在潭阳郡，亲族及乡里之人认为他“生而岐嶷，神彩精粹”②。在他成长的过程中，金存敬也确实将自己的聪慧天资展露无遗，他五岁时“自始语，便解文字”③。其父亲以体弱为由，并未让他当年就学。逮至七岁，他“始就学，字义文理，必切问而晓解，不明不措”④。可见金存敬自幼便有好学精神。次年，他便“能属文，语辄惊人，同学侪流待之如先辈长德”⑤。

金存敬的天资和成就与其家族的重教尚文传统有着直接关系。光州金氏家族中，金良鉴“使大宋，画太庙国子图而还，苏东坡赠以诗”⑥。另外，金台铉（1261—1330）也是影响较大的一位。其字不器，号快轩，是高丽忠烈王一年（1275）监试状元，次年文科及第。于 1306 年任都佥议司知事，同年出使元朝，在元朝辅佐忠烈王有功，归

① ［朝］金存敬：《竹溪集》卷一，朝鲜刻本，第 2 页。
② ［朝］金存敬：《竹溪集》卷一，朝鲜刻本，第 1 页。
③ ［朝］金存敬：《竹溪集》卷一，朝鲜刻本，第 1 页。
④ ［朝］金存敬：《竹溪集》卷一，朝鲜刻本，第 1 页。
⑤ ［朝］金存敬：《竹溪集》卷一，朝鲜刻本，第 1 页。
⑥ ［朝］金存敬：《竹溪集》附录，朝鲜刻本，第 27 页。

国后升任密直司知事。他辅佐三王，在忠宣王执政时任三司判事，忠肃王执政时担任评理、中赞等官职。其品性刚直，待人温和，至忠至孝，去世后获赐谥号“文正”。

金存敬的祖父金诚是当地有名的儒士，其父金彦勖（1545—1596）也是博学忠义之士。金彦勖字汝强，号瑞石，又自称瑞石山人。他自幼聪慧，据说十岁便可以赋诗写文章。其早年师从当时著名学者高敬命（1533—1592），研习儒家经典，沉迷于治学而无心出仕。成浑（1535—1598）评价其学问之时说道：“潭阳金彦勖最专精于学。”① 金诚去世后，金彦勖在坟前建庐守丧，每日很少进食。朝廷得知其孝行后欲任命其为察访，然其拒之不受。壬辰倭乱爆发，金彦勖自草野北上护驾，朝廷念其忠诚，又欲任命其为掌隶院司评，其再次拒绝入仕。倭乱结束，国家安定，金彦勖返回故乡，常与当地名士交游，专念于学问。在其去世后，被追赠为左赞成，并配享于龟山祠宇和鳌山倡义祠。朴光一（1655—1723）在其奉安祭文中写道：

恭惟先生，文靖之后。
气清质粹，聪明颖悟。
爰自就傅，不劳勤教。
早抛学业，发轫正路。
专精圣学，潜心妙道。
慎思明辨，躬行力践。
闻义即服，乐善不倦。
有得于心，无慕乎外。
孝出天性，事亲以礼。
生养葬祭，情文备至。

---

① ［朝］成浑：《牛溪年谱补遗》卷一，朝鲜刻本，第58页。

乡党称善，朝廷褒美。
即孝于亲，移忠于君。
时当壬辰，八路荡焚。
玉辇播越，奔问无人。
起自草庐，扈驾西塞。
义重君臣，曷计生死。
特除右职，乃奖忠节。
凯还之日，归卧林壑。
瑞蔼溟蒙，奇岩壁立。
晦迹含光，修身养德。
明窗净几，沈潜经籍。
乐园闲情，安窝真趣。
启发后蒙，勤恳不怠。
勖以正学，辟其邪异。
顾我乡人，犹被余芬。
莫谓世远，状德有文。
惟先生殁，可祭于社。
荐诚揭虔，谁曰不可。
时移事迁，讫今寂寂。
何损盛德，责在后学。
四贤有祠，礼合并享。
众议既允，益切景仰。
值此中丁，于兹妥神。
谨用牲齐，敬荐明禋。①

① ［朝］朴光一：《逊斋集》卷八，朝鲜刻本，第21—22页。

金长生画像

金存敬自幼“孝敬天成，克遵庭训”[①]，这无不受家学之影响。除此之外，其业师也起到了至关重要的作用。金存敬二十二岁之时，拜入理学大家金长生的门下就学。金长生始学“四书五经”和《近思录》，在二十岁之时拜在李珥门下，学成后被举荐为昌陵参奉。其于1581年随父出使明朝，拓展了眼界，之后官至刑曹参判。金长生政绩卓越，学徒众多，且名士辈出。其著作有《丧礼备要》《家礼辑览》《典礼问答》《疑礼问解》《近思录释疑》《经书辨疑》等，后人将其诗文编纂成《沙溪先生全书》。金长生去世后获赐谥号“文元”，配享道基书院、遁岩书院等十个书院。

前文也提到，宋代理学成为朝鲜的统治哲学、治国纲领，无论从政治角度或是学术层面而言，进入朝鲜理学道统是入仕为政和出世治学的必要条件。从金存敬的家学和业师来看，其学派谱系可以归纳为：孔孟—程朱—李穑—郑梦周—吉再—金宗直—金宏弼—赵光祖—白仁杰—李珥—金长生—金存敬。李穑于1348年入元朝国子监研读理学，1351年归国后主张经世致用，提出了关于田制、教育、国防、宗教等的改革措施。1353年，他再次入元，并于次年的会试中拔得头筹，继而在殿试中以二等合格的成绩留元任应奉翰林文字承事郎同知制诰兼

① ［朝］金存敬：《竹溪集》卷一，朝鲜刻本，第1页。

国史院编修官。李穑的门生均成为朝鲜理学道统的开宗之师，属于李穑学派的金存敬也充分地继承了这一学脉的理学传统。

李穑画像

金先生学术行义，岂但诗人而止欤？先生生世族，幼而聪敏，既就学，与圃隐郑公、陶隐李公及故正言李顺卿，义爱尤笃，朝夕讲论切磋不少怠。吾东方义理之学，盖由数公倡之也。国家崇重正学，更张旧制，增广生员，宰相韩山李公主盟师席，拔荐名儒为学官。而先生以佗官兼直讲，诸生执经受业，列于席前，虽告休沐，从而质问者相继于家，多所进益。①

朝鲜的开国功臣郑道传（1342—1398）从政治和学术的角度再次强调了朝鲜理学奠基人李穑和郑梦周等人的地位，并明确指出了他们开创朝鲜“义理之学”的卓越贡献。直到朝鲜后期，儒士们“立心行事心须一遵义理”②。金存敬在求学之初，“经传义理，沉潜反复，昕夕瀜解”③。他不仅深究义理，还注重义理的实践，在其九岁时便可以

① ［朝］郑道传：《三峰集》卷三，朝鲜刻本，第49—50页。
② ［朝］权相一：《清台先生文集》卷九，朝鲜刻本，第17页。
③ ［朝］金存敬：《竹溪集》卷一，朝鲜刻本，第2页。

“通读孝经小学等书，不但为口耳诵习之资，必以实践为事”①。正因为金存敬有好学之精神、实践之耐力，在其弱冠之前便“文学夙成，声望蔼蔚，当时士友莫不敬重之”②。

> 敦宗族、周贫乏之高义，皆自实德中流出，接宾友、应事物之勤，意常以古君子为先辈之亲，知者皆待之以长德君子，而其不知者亦不敢以侮慢加之。③

上文是在金存敬去世后，后学为其撰写的《行状》。可见，君子在于明德、知理、行义。金存敬在国家危亡之际，不顾自身安危而北上护驾；在天时不佳影响农事之时，时刻观测气象牵挂百姓……朝鲜中期文臣李绥禄在挽诗中对金存敬的为人处世作了如下评价：

> 十载分离仅一面，如何末疾未终痊。
> 五治州郡仁声播，再赴中朝美誉传。
> 江阁春归无故主，竹园人去锁寒烟。
> 今来永诀秋城路，此地相寻更莫缘。④

金存敬以儒家经典为学问基础，以程朱理学为实践依据，向我们展示了一位异域汉官的威仪。

---

① ［朝］金存敬：《竹溪集》卷一，朝鲜刻本，第1页。
② ［朝］金存敬：《竹溪集》卷一，朝鲜刻本，第2页。
③ ［朝］金存敬：《竹溪集》附录，朝鲜刻本，第30页。
④ ［朝］金存敬：《竹溪集》附录，朝鲜刻本，第23页。

第二节　金存敬的为政志向与逸民旨趣

金存敬自幼“常曰：‘家法之正，当以司马温公、吕荣公为法。居官任重，当以范文正公为志’”[①]。“修身齐家治国平天下”也是金存敬的抱负，他在为官期间秉公为民，做到了“先天下之忧而忧”。

金存敬在二十一岁时中成均馆生员，三十一岁时参加别试和殿试，在别试中，他借杨时和蔡京论人才的举荐和选拔，雄论可谓掷地有声。特别是在“殿试之日，适值雷雨，天地昏黑，纸墨难分，而廷试之策，借电光书，进人咸服其通敏”[②]。同年，其被任命为成均馆正字兼奉常寺参奉，次年升弘文馆著作转至博士。

金存敬在三十三岁时被任命为居山道察访，当时巡点邮卒有征捧赎布[③]之弊俗，金存敬“悉除之，驿民咸颂其德”[④]。他于三十四岁赴康津县任县监，旅途车马等费用皆自理，无劳民伤财之举。在康津三年的任职期间，他兴国学，修文庙，“治绩居最，上下赏赐文以褒美之”[⑤]。朝鲜国王的赏赐文中称“约已便民，残邑苏复”[⑥]。

金存敬在三十八岁时被任命为刑曹佐郎，同年秋天被委任为接伴天朝赉诏官，迎接天使之人皆深谙仪礼，且文采出众。明朝礼部侍郎朱之蕃（1575—1624）工书善画，能诗能文，金存敬在其出使朝鲜之

① ［朝］金存敬：《竹溪集》卷一，朝鲜刻本，第1页。

② ［朝］金存敬：《竹溪集》卷一，朝鲜刻本，第4页。

③ 赎布：官吏为谋私而收取贿赂来免除犯人罪过。

④ ［朝］金存敬：《竹溪集》卷一，朝鲜刻本，第4页。

⑤ ［朝］金存敬：《竹溪集》卷一，朝鲜刻本，第4页。

⑥ ［朝］金存敬：《竹溪集》附录，朝鲜刻本，第26页。

时与其交谈政治、唱和诗文。《竹溪集》载相关汉诗三题五首，是中韩文化交流史的重要文学史料。金存敬在接伴朱之蕃一行时说道：“圣庙更新杏桧繁，跄跄多士集桥门。八条遗泽遵箕范，六艺根原溯鲁论。”① 在“事大字小”的古代东亚政治文化体系中，朝鲜自古慕华裳、尊华制，在外交礼仪中无不提及洪范八政、邹鲁学源等。但在此基础上，金存敬也展示了本国风物习俗的优越性，很好地把握了外交的平衡关系。

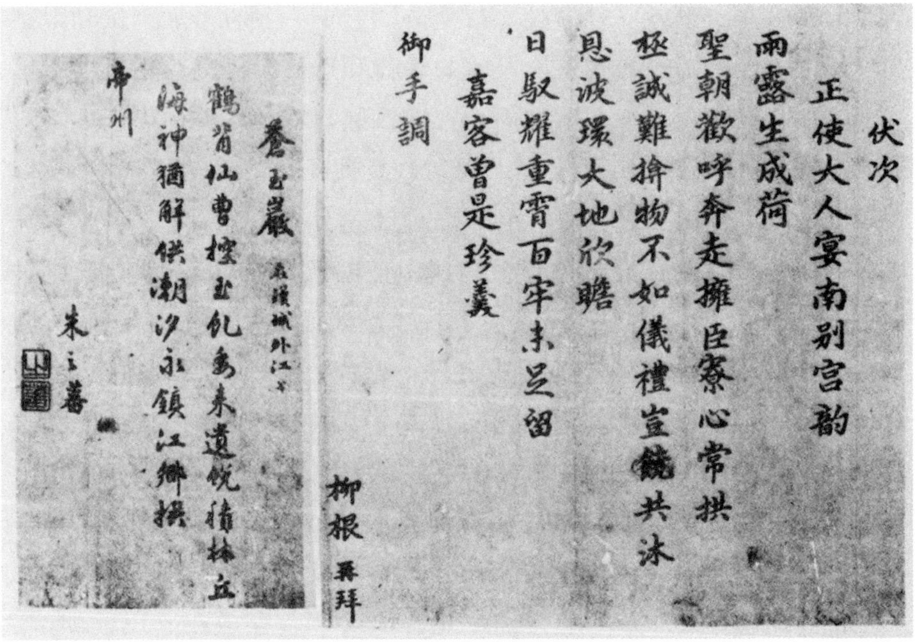

朱之蕃与朝鲜文臣柳根的唱和诗帖

汉江风物东方最，海国群贤谳席张。
稳从中洲舟是屋，剧浮太白醉为乡。

---

① ［朝］金存敬：《竹溪集》卷一，朝鲜刻本，第32页。

一天月彩兼灯彩，四面山光接水光。
更漏迢迢归酩酊，犹疑枕藉白沧浪。[①]

此诗乃金存敬和朱之蕃的《汉江记游》，诗中既指出东国亦是物华天宝之域，也表达了“有朋自远方来，不亦乐乎”的喜悦心情和融洽气氛。中朝儒士江中泛舟、把酒言欢、吟诗作对，彰显了两国之间的文化同源、睦邻友好。在出色完成接伴使的任务后，金存敬“旋授黄海都事”[②]，只不过其辞谢未赴任。可以肯定的是，这次经历奠定了其被选为书状官和圣节使正使出使明朝的政治基础。

金存敬在四十岁至四十一岁期间，频换官职，担任过户曹正郎兼春秋馆记注官、司谏院正言、司宪府持平兼春秋馆记事官。他于1609年被任命为圣节使书状官出使明朝，此次使行的目的是祝贺万历皇帝的诞辰。书状官主要负责记录使行过程，复命后需向国王汇报。金存敬的观察是全面且敏锐的，他详细地记录了明朝的风俗、沿途遗迹、明朝防御、开市贸易、军火政策、满蒙结盟等重要情况。

十一日庚寅，阴。过新城，渡大陵河，抵大陵河所，所有备御主管兵马。从紫荆山铺，中火于小陵河站王姓人家。此去十三山六十里。锦州卫在站北十里许，卫有游击过松山所，所有游击。夕宿杏山驿徐姓人家，守驿官乃备御也。此距小陵河三十六里。自锦州卫至杏山，乃贼路要冲，窃发无时，防戍极紧。昨于十三山见军兵连络路上，今到此驿，又见军马调点向东，使译官问之，则云此军本是广宁所属，今分戍塔山、杏山两处，东鞑子近有声息高平、盘山等地，将为设伏待变，故塔山军三百名、杏山军五

① ［朝］金存敬：《竹溪集》卷一，朝鲜刻本，第32页。
② ［朝］金存敬：《竹溪集》卷一，朝鲜刻本，第5页。

百名，点出还戍于广宁矣。①

金存敬出使明朝之时已是女真快速崛起之际，在辽东已经开始出现军事冲突，明朝为防备女真侵袭，自辽东至山海关增派兵力，加强防御工事。朝鲜也时刻关注着这一敏感问题，这直接影响着其在国际政治中的动向，所以每次朝鲜派遣的使行团实则兼具多重任务。对国际局势的观察和判断成为检验使臣们的重要准则，金存敬在客观记录明朝所实施的举措的同时，也关注到了在冷兵器时代“火药武器”等关键性因素。金存敬多次向明朝兵部请求硝黄、弓面等贸易之事，明朝虽表示国之利器，不轻易示人，但在其恳切请求下，也改变了明朝对朝鲜“字小”的策略。

金存敬完成第一次使明任务后，先后担任刑曹正郎兼春秋馆记事官、关西敬差官、司宪府持平等。在此期间，其“极言禁奢侈、振纪纲、信赏罚、斥奸邪、察民隐、谨天灾之道，蒙优批嘉奖”②。

不仅如此，金存敬在担任京试官之时，考鉴严明；在任职金堤郡守之时，政清民化，当地还有民谣赞颂其功德。1613 年，永昌大君遇害，仁穆大妃幽闭西宫，金存敬悲痛疾呼：“草野贱臣受先王厚恩，当此彝伦斁丧之变而不能匡救，徒贪禄位，不如归死田里之为愈也。”③士人皆称赞其为忠义之士。

金存敬在四十六岁时被任命为三陟都护府使，“莅任数载，兴学劝农，阖境又安府，民竖碑颂功”④。他的施政业绩不仅受到百姓爱戴，朝鲜国王也赐“赏加文”予以褒奖以立示范。他在三陟期间，因再论

---

① ［朝］金存敬：《竹溪集》卷三，朝鲜刻本，第 9 页。

② ［朝］金存敬：《竹溪集》卷一，朝鲜刻本，第 5 页。

③ ［朝］金存敬：《竹溪集》卷一，朝鲜刻本，第 6 页。

④ ［朝］金存敬：《竹溪集》卷一，朝鲜刻本，第 6 页。

军器等国防事务，升嘉善大夫，又拜都总府副总管。这距离他出使明朝已经过去七年，时值女真正式建立政权，史称后金。自此，辽东局势愈发严峻，金存敬的奏议想必与当时的时局变化有关。次年，他被委任为圣节使正使出使明朝，二次任命、身份上升等信息均表明朝鲜朝廷将观察东亚变化的重任交给了金存敬，这是对其为官立场和外交能力的认可。

然而，金存敬的官职生涯也并非一路坦途。比如金存敬在1618年被司仆寺提调将养马金得时诬诉，称其“有私于松都人洪德男，故为除下得时，其代以德男带行”①。经过金存敬上疏辨明，加之众人证言“齐言养马金得时性本狞恶，到处作弊，打伤人物非一非二”②，金存敬被诬告一事方才得以洗清，最终其旋拜江原道观察使兼兵马水军节度使。

金弘道（1745—?）所绘《布衣风流》

① ［朝］金存敬：《竹溪集》卷二，朝鲜刻本，第7页。
② ［朝］金存敬：《竹溪集》卷二，朝鲜刻本，第8页。

金存敬在江原道任职两年后，调任庆州府尹兼庆州镇兵马佥节制使。两年后，在他五十四岁时辞官归乡。荣归故里后，他仍然牵挂朝政，在1624年爆发“李适之乱”时趋行护驾。金存敬亲友故交愿为其请功，他婉拒道：“君父蒙尘，臣子奔问自是道理。衰老之臣，有何谋虑？而必欲置簿耶?”① 金存敬的功成身退足以证明他淡泊名利，这便是他为政的志向。

金存敬自归乡至去世，共计八年。归乡之时，他的知己金尚宪赠诗曰：

两翁相对雪盈头，同阅人间甲子周。
衰病不堪湖海别，楚云秦树梦悠悠。②

这正是金存敬知天命、过耳顺的写照。到朝鲜中后期，与“勋旧派”对立的“士林派”远离政治中心，在岭南地域、京畿道、湖西地域等扎根并发展壮大，其中以岭南地域为中心形成了“岭南学派”，以京畿道和湖西地域为中心形成了“畿湖学派”，畿湖学派的代表人物便是李珥。前面已经谈到，金成敬的业师金长生在李珥门下修学，所以他们同属畿湖学派，他们的共同特点便是晚年伏身草野研读并实践理学。

金存敬归乡初期，在家乡牛岾营造三流亭作栖息终老之计，从此便开始了他八年的逸民生活。除读书、祭祀之外，“自是与季氏德岩存畏，门叔晚德大器及郑畸翁弘溟、曹数竹弘立、高晴沙用厚诸名贤觞咏娱乐，殆无虚日”③。朝鲜文士大多喜爱“风流”，他们吟风弄月、船

① ［朝］金存敬：《竹溪集》卷一，朝鲜刻本，第8页。
② ［朝］金尚宪：《清阴先生集》卷二，朝鲜刻本，第15页。
③ ［朝］金存敬：《竹溪集》卷一，朝鲜刻本，第9页。

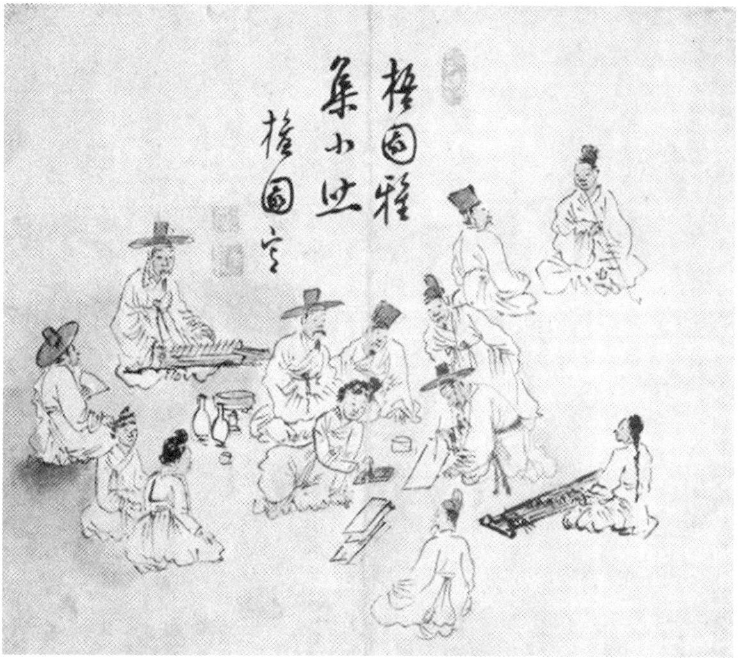

金弘道所绘《梧园雅集小照》

游诗会、饮酒叙话……他们以此来修身养性，摒弃世俗，寻求真我。①

在经历求学期、为官期之后，金存敬极其享受他的隐居期生活，他在洗心台上对金晚休说道：

> 太虚两洗尘埃心，万古闲情安分吟。
> 淡泊真机孔系审，昭然卦象玉衡森。
> 山低彩槛水连砌，风满襟裾月照琴。
> 柳暗花明养德性，几人到此一源寻。②

---

① ［韩］郑羽洛：《朝鲜时代岭南儒士的山水游览与指向意识》，《南冥学》，2014 年第 19 期，第 396—404 页。

② ［朝］金存敬：《竹溪集》卷一，朝鲜刻本，第 29 页。

第二章　书亦同文：《竹溪集》的内容与价值

1803年，金存敬的后孙金硕根将其遗稿整理并刊行为《竹溪集》，后因兵祸遗失了一部分文稿。1925年，金存敬的十世孙金明洙重新刊行了《竹溪集》，共分四卷并加之附录，将初刊和重刊的序跋、汉诗、日记、论、策、疏、祝文、祭文、行状等一一编排收录，并在重刊本跋文中写道：

> 呜呼！当日著述宜有不鲜而不但六丁收去，间经沧桑其所秤辑，十不存一，诗论策疏书略干等篇仅保无恙，虽或以少为嫌，然余则不然。君子之诗，盖出于性情之正而典重温雅，无操觚家浮夸之态，昆山片玉桂林一枝，犹为希世之宝，何必多乎为珍哉！旧有所刊行于世者犹未免于豕亥相杂，今其后孙明洙惟是之惧，重刊正其意可谓诚且勤矣，澈铉忝在旁裔，亦相其役而略叙颠末，以寓平日景仰之怀云尔。①

由此可见，我们所看到的《竹溪集》重刊本仅是金存敬文稿的一部分。正如金明洙所言，一字一句皆吉光片羽，我们通过这些可以探究朝鲜

---

① ［朝］金存敬：《竹溪集》附录，朝鲜刻本，第32页。

士人的生活、文学、思想状态，也可以解读中韩古代文化的交融。

虽然在重刊之时，已经对豕亥相杂之处进行了校对，但仍存在一些问题，特别是卷三的《使行日记》出现了年份错误。卷三日记副标题原为“万历丁巳六月圣节使赴京”，《燕行录全集（第六次增补版）》在收录此使行日记时未发现该时间有误，仍将其视为1617年使行日记收录并编排。由于未对原典进行核对，导致误记。金存敬分别于1609年和1617年两次出使明朝，卷三收录的日记实为“万历己酉六月圣节使赴京日记”，即1609年出使明朝时书写的使行录。

判断出使年份的依据大致有两点。第一，出使身份。日记中频繁出现的柳梦寅（1559—1623）于1617年并未出使明朝，其于1609年以圣节使正使出使明朝时，金存敬为书状官，这一身份也说明了金存敬详细记录使行过程的原因。更重要的是，金存敬在《练光亭次柳使相梦寅韵》时在副标题写道：“万历己酉，以书状官随柳艮菴梦寅朝天。”第二，出使过程中所遇其他使臣。日记中写道：“冬至使郑经世、吕裕吉行次过关。”① 郑经世（1563—1633）于1609年以冬至使出使明朝，并且他在1617年处于革职状态，不可能出使明朝。

再者，重刊本中还存在地名等误记现象，本书后半部均已悉数校出。

第一节 《竹溪集》所载汉诗与中国书写

《竹溪集》所载汉诗大多为七言绝句和七言律诗，其中又以纪行诗为最。金存敬出使明朝，所到驿站、名胜皆触景生情，或题诗或唱和。

朝鲜半岛诸多景观因使行而名声大噪，进而成为文学景观，位于

① ［朝］金存敬：《竹溪集》卷三，朝鲜刻本，第23页。

现在平壤大同江畔的练光亭便是典型的例子。练光亭因其独特的地理环境，被誉为朝鲜半岛“关西八景”之一，很早便成了迎接中国使臣之所，也是朝鲜使臣出使中国查对的驿站。后来因为朱之蕃和尹淳共同为其书写“第一江山”而闻名海内外，成了中朝文士必登临之所、登临必题诗唱和之地。

金弘道所绘《练光亭宴会图》

柳梦寅、金存敬一行抵达练光亭，作为正使的柳梦寅先行作诗，金存敬次韵道：

何人为想昔年游，江上重修百尺楼。
金碧影沉鲛妇室，微茫气接玉河流。
野低暝树迷霞外，地远长风入槛头。
征客偶登潮落后，白鸥洲畔是雄州。①

景色的雄壮和征客的雄心一览无遗，但这背后也蕴含着些许哀愁，漫长的旅途只有使行团的成员们互相安慰。通过情景交融来表达思念

① ［朝］金存敬：《竹溪集》卷一，朝鲜刻本，第15页。

之情是朝鲜使臣所作中国纪行诗的一贯风格。

金存敬的纪行诗中出现的中国地名或景观有双青岭、八渡河、高岭、韩家坟、华表柱、西会寺、白塔寺、望京楼、怀远馆、首山岭、沙河铺、长店铺、鞍山、海州卫、牛家庄、三叉河、高平、广宁馆、十三山、大陵河、杏山、松山、红罗山、宁远卫、贞女祠、长城、望海楼、万柳庄、孤竹城、蓟州、渔阳桥、通州、玉河馆、三河、神仙岭、玉田、杏山驿、少陵河、丰润等。使行团过鸭绿江到达辽东后，异乡旅客的愁绪涌上心头，金存敬在渡过八渡河后不禁感叹道："天涯寥落悲身世，独对残灯更整襟。"① 在进入山海关前，金存敬的纪行诗大致先写景色壮美，再表达个人的忧思，正如其在《高岭道中》写道：

高岗崭截等莲花，夹迳斜斜鸟渡霞。
急水澎鍧龙走壑，苍崖蹴踏虎磨牙。
殊方险阻行难尽，故国山河望更遐。
竣事何时湖上去，竹林春昼岸乌纱。②

进入山海关后，地理环境与文化氛围与辽东截然不同，金存敬更关注的是人文景观，贞女祠、长城、望海楼、万柳庄、孤竹城、渔阳桥等皆成为其发掘人文内涵的媒介。他在攀长城、登望海楼之时脑海中涌现的是千古帝王的圣明、固若金汤的基业。他在游历贞女祠和万柳庄之时体悟到女性的贞洁，于是在《次贞女祠》中写道：

七日呼天玉貌枯，至今遗恨暗平芜。
丹青古壁留娇艳，风雨空祠走兔狐。

---

① ［朝］金存敬：《竹溪集》卷一，朝鲜刻本，第 17 页。

② ［朝］金存敬：《竹溪集》卷一，朝鲜刻本，第 17 页。

劲节凌霜榆塞感，贞心化石海中孤。
难招魂魄归秦垅，耿耿城头为望夫。①

万柳庄韩氏祭奉庄主三代的事迹让无数朝鲜使臣动容，这十分符合朝鲜重视女性忠贞的观念，金存敬也不禁写下："林园余趣人追慕，节孝芳声水共长。"②

首阳山和孤竹城是叔齐伯夷不食周粟的精神象征，朝鲜使臣每过此地，均要到夷齐庙参拜并表达钦慕之情。金存敬写道："清风凛凛留千祀，大义昭昭起末流。"③ 他们到达通州进入北京后更是被北京的文物和礼制所震撼。

朝鲜使臣在对中国进行书写之时，除了所见之景象会影响其笔锋，普遍的认知心理也影响着其写作。纵观这些中国纪行诗，以空间来看的话，我们认为鸭绿江、山海关是具有明显区分作用的地点。④ 朝鲜使行团渡过鸭绿江之后，他们普遍认为自己已经跨过了国境线，辽东的广阔带来的震撼和思乡之情开始交织。待进入山海关后，他们认为自己已真正进入到异国的文化空间，对人文景观和人文内涵的观察变得极为细致。

第二节　《竹溪集》中归乡记与儒士生活

《竹溪集》卷四载金存敬自 1623 年至 1629 年的归乡日记，其中详

① ［朝］金存敬：《竹溪集》卷一，朝鲜刻本，第 22 页。

② ［朝］金存敬：《竹溪集》卷一，朝鲜刻本，第 23 页。

③ ［朝］金存敬：《竹溪集》卷一，朝鲜刻本，第 23 页。

④ ［韩］郑在薰：《燕行使所体验的朝鲜和清之间的三个分界地》，《退溪学和儒教文化》，2013 年第 52 期，第 177—217 页。

细记录了朝鲜儒士的隐退生活，为我们了解朝鲜古代的日常生活、理解东亚民间文化提供了可靠依据。

金存敬自庆州出发，虽在立春前后，但乍暖还寒，一路雨雪，甚是艰辛。不仅如此，沿途驿站中有些官吏查勘之时故意刁难，使得金存敬不得不感叹道："凌辱士夫至于此极，尤用痛怜，莫非数值厄会而然也？奈何从此归农，永绝仕宦之心矣。"①

回到家乡后，金存敬营造三流亭，以此来作为读书和交游之所。在日记中，其详细记录了三流亭的营建过程，让我们从中了解了朝鲜的建筑文化。金存敬对买料、雇工、监工、上梁等都亲力亲为，比如在三流亭奠基之时，"与汝兼往牛岾，共登亭基"②。他还和友人一起勘察地形，察看风水，以确定亭子的坐向。在上梁之时，金存敬请人书写上梁文并寄予美好愿望如下：

> 抛梁东，金乌晓出蒸霞红，园林花绽拥锦帐，沙上水平杨柳风。抛梁西，爽气入户金天低，嘉禾满篝收余税，开樽引白时物齐。抛梁南，晴虹敛涧干翠岚，浓阴布地山雨疏，岸帻呼博兼清溪。抛梁北，寒空积霭埋日轴，冰泉沉驶雪意急，路达壁台藏原泽。抛梁上，修檐峻庑何萧爽，川原骇瞩天地窄，巍远显敞谁与让。抛梁下，架头喃呢燕雀贺，尘喧迥隔象外天，风咏自适宜坐卧。伏愿上梁之后，嘉祥叠臻妖戾永息，尔寿尔炽膺椿树于大年，肯构肯堂茁兰茗于遐岁。③

金存敬归乡后的儒士生活大多是在坐斋读书、祭奠祭祀、访友饮

① ［朝］金存敬：《竹溪集》卷四，朝鲜刻本，第3页。

② ［朝］金存敬：《竹溪集》卷四，朝鲜刻本，第14页。

③ ［朝］金存敬：《竹溪集》附录，朝鲜刻本，第25页。

酒、关注农事。儒家经典自是其必读书籍，在三流亭建成后，他还经常诵读《安宅经》。由于金存敬德高望重，自从他荣归故里后，几乎每天都有官吏、儒士、亲族到访。金存敬均按照仪礼，行“接宾客”之礼。

> 十四日，晴。省吾来助，持酒来见，公伯子守暂过。
>
> 十五日，晴。梁梦然、郑比安来见。
>
> 十七日，晴、风。牛岾四宋持牛酒来，因逢金叔共醉，闻京中逆变，又非辞连柳公廉等。
>
> 十九日，晴。奴辈晕覆年权公伯持酒来见。①

由上述内容可知，连续几天有不同身份之人前来与金存敬饮酒叙旧，酒酣之余，他也不免“中酒，终日卧痛”②。怎奈第二天又有客人“持酒来劝，中伤之余，又为强饮，达夜痛”③。

祭祀是朝鲜儒士在生活中格外重视的礼仪。金存敬归乡后每逢有大小祭奠，都要前日坐斋，当日按照《家礼》行事。他所行的祭祀有祖上祭、亡妻祭、亡友祭、亡婿祭、成服祭、时祭、开土祭、开基祭、释奠祭、祈雨祭等，在祭物与祭礼不完备之时，他还感叹道：“罢官一年，家穷无比，祭需甚薄，尤极悲痛。”④

在金存敬的归乡日记中，下层人士频繁登场，这是其他典籍中很难见到的。家奴纳粮、家奴逃亡、家奴务农等琐碎事都展现在我们眼前，甚至还可以看到辈分长一些的家奴可以和雇主一起饮酒，在等级森严的朝鲜时代，这也告示着温情的存在。

---

① ［朝］金存敬：《竹溪集》卷四，朝鲜刻本，第 15 页。

② ［朝］金存敬：《竹溪集》卷四，朝鲜刻本，第 18 页。

③ ［朝］金存敬：《竹溪集》卷四，朝鲜刻本，第 18 页。

④ ［朝］金存敬：《竹溪集》卷四，朝鲜刻本，第 18 页。

韩国人的墓祭

韩国人的不迁位祭祀

儒士的归乡生活是丰富多彩的，夏天他们会“温地沐浴”①，也会钓鱼避暑，更会“开酌终日咏桂花”。② 儒士的归乡生活也会遇到一些突发事件，比如瘟疫袭来，当“里有疫气，拘于俗忌，遂停忌祀”。③ 等到“里中无疫气，暂行昔奠于神主”④。他们为了避疫会举家迁至其他住所。

在金存敬的归乡生活中，虽然偶尔打探时局，但他更关心的是移秧、打麦、填坟扫墓、儿子的疟疾、治疗自己内病的针灸……仿佛他又回归到最初的自我。

---

① ［朝］金存敬：《竹溪集》卷四，朝鲜刻本，第 60 页。

② ［朝］金存敬：《竹溪集》卷四，朝鲜刻本，第 40 页。

③ ［朝］金存敬：《竹溪集》卷四，朝鲜刻本，第 41 页。

④ ［朝］金存敬：《竹溪集》卷四，朝鲜刻本，第 41 页。

第三章　域外之眼：中国使行的过程与意义

众所周知，方志乃地方之史，记沿革、地貌、风俗、物产、胜迹、人物等。《周礼》云："掌道方志，以诏观事。"郦道元在《水经注》中说道："以方志参差，遂令寻其源流。"可见，地方志在历史文化景观建设中有着举足轻重之作用。《嘉靖永丰县志》"释不书例"中写有："凡无考者不书，物产无用与泛者不书，仙释无稽者不书。"不难看出，方志具有很强的客观性、科学性、资料性。但是，方志的内容亦有选择性，上述"仙释无稽者不书"便是一例。除此之外，方志亦有漏书之例。因此，补遗地方志、发掘遗失文化乃当务之急。

利用域外典籍，寻已有地方志中漏记或不记之事物，来补遗国内地方志，并以此来完善各地历史文化资源，可以为全面复建各地的历史文化景观提供可靠依据。

在域外典籍中，有关燕赵之记录甚多。其中，记录最为翔实客观的当属明清时期朝鲜使臣所书"燕行录"。明清时期，朝鲜半岛持续向中国派遣使行团，使行团成员用诗文等记录的资料被统称为"燕行录"，目前已经发掘并公布的"燕行录"有五百六十二种。"燕行录"中记载了朝鲜使行团赴燕京的所见、所闻、所感，燕赵之地作为外国使节进京的必经之地，相关记录甚多。所以，作为域外典籍的"燕行录"是目前补遗中国地方志的宝贵资料。《竹溪集》中所载金存敬出使明朝的诗文是以域外视角研究中国历史文化的范本。

第一节　明代中朝使行的路程与燕赵景观

朝鲜半岛使行团真正意义上开始途经河北乃从元代开始，元代广设驿站，形成了条条发达的内外驿道。据《析津志》中“天下站名”记载，自元大都至朝鲜半岛的驿道共两条，属河北境内的驿站分别为：遵化、滦河、喜峰口、宽城、平泉、富峪、玉田、丰润。[①]

明初定都南京，时值高丽朝。明太祖朱元璋要求高丽使臣由水路入京，使行团到达太仓港后至金陵。直至洪武六年（1373），高丽使行路线改为在山东登州上陆，再由陆路至金陵。明成祖迁都北京后，朝鲜半岛亦完成了王朝更替，朝鲜的建立使得两国形成了新的关系。自此，朝鲜使臣入京之陆路遂成定制，其路线为：

> 义顺馆—镇江城—汤站—凤凰城—镇东堡—镇夷堡—连山关—甜水站—辽东—鞍山—海州卫—牛家庄—沙岭—高平驿—盘山驿—广宁—闾阳驿—十三山—小凌河—杏山驿—连山驿—宁远卫—曹庄驿—东关驿—沙河驿—前屯卫—高岭驿—山海关—滦河驿—抚宁驿—永平府—沙河驿—丰润县—玉田县—蓟州—三河县—通州—北京

以上路线途经河北的有：唐山沙河驿、滦河驿、丰润县、玉田县，秦皇岛山海关、抚宁、卢龙县，廊坊三河县。明清鼎革时期，辽东被

① 张士尊：《元末明初中朝交通路线考》，《鞍山师范学院学报》，2008年第5期，第36页。

清军占领，明朝与朝鲜的朝贡路线由陆路改为水路，其路线大致为：

宣沙浦—铁山椵岛—车牛岛—鹿岛—石城岛—长山岛—广鹿岛—三山岛—平岛—皇城岛—龟矶岛—庙岛—登州—黄县—黄山驿—朱桥驿—莱州府—灰阜驿—昌邑县—淮县—昌乐县—青州府—金岭县—长山县—邹平县—章邱县—龙山驿—济南府—齐河县—禹城县—平原县—德州—景州—阜城县—富庄驿—献县—河间府—任丘驿—雄县—新城县—涿州—良乡县—大井店—北京

以上路线途经河北的有：衡水阜城县，沧州泊头、献县、河间、任丘，保定雄县、涿州。

清朝入主中原，清廷与朝鲜重新建立起朝贡册封制度，燕行路线又从水路恢复至陆路。《丙寅年（1866）燕行路程记》中极为详细地记录了当时的使行路线，清朝时期朝鲜使臣途经河北至北京的具体路线为：

八里堡—四方城子—二里店—山海关—深河—五里台—红花店—栾家岭—吴家岭—二十里堡洼—范家庄—汤河堰—大理营—王家岭—凤凰店—望海店—深河驿—高台岭堡—纲子店—马栅山—石子河—榆关—宋家庄—上白石堡—下白石堡—吴家岭—抚宁县—羊河—五里堡—卢家店—十里台堡—卢峰口—茶栅庵—饮马河—背阴堡—双望堡—吴鞑子店—腰站—部落岭—二十里堡—十八里堡—白沙河—驴子槽—漏泽院—永平府—青龙河—南坵店—滦河—鸭子河—范家店—望夫台—安河店—赤红铺—野鸡坨—沙河屯—张家庄—沙河驿—红庙—马铺营—七家岭—新店子—乾河草—王家店—新平店—张家庄—扛牛桥—莲花池—青龙桥—榛子店—烟墩台—白草洼—铁城坎—牛栏山—小铃河—板

桥—银城铺—五里台—丰润县—赵家店—张家店—还乡河—鲁家店—高丽丛—沙子河—软鸡铺—新坊—李家庄—沙流河—雨水桥—两家店—二十里堡—十五里屯—东八里堡—龙池庵—玉田县—西八里堡—黄家店—彩亭桥—小枯树店—大枯树店—蜂山店—螺山店—梯子山—鳖山店—二里店—现渠—三家店—云田寺—翠屏山—八里堡—渔阳桥—贯日庄—蓟州—五里桥—徐家店—邦均店—白涧店—公乐店—段家岭—石碑铺—滹沱河—三河县—棘林庄—白浮图—新店—皇亲店—夏店—柳河店—马起铺—燕郊堡—方家庄—滕家庄—胡家庄—刁家庄—白河—通州—八里堡—管家庄—杨家闸—三间房—定州庄—大王店—太平店—十里堡—八里堡—红门—弥勒院—东岳庙—朝阳门—玉河馆①

朝鲜使臣所记燕行录中均涉及所至之处，但所记地名皆不详尽。《丙寅年（1866）燕行路程记》与清道光八年（1828）年佚名氏所记《路程记》相似，均为目前已发掘的较为详细之路程记录，为我们探究中朝使行路线提供了可靠依据。

历代“燕行录”中，秦皇岛的卢龙县出现频率最高。卢龙县因其独特的地理环境和文化内涵使得朝鲜使臣或诗或文争相记载，其中便有目前已经消亡的“卢龙八景”。目前，只知《卢龙县志》记有“卢龙八景”，但其前世今生以及细部布局尚不可测。然而，明清时期的“燕行录”中详细记载了“卢龙八景”的亭台楼阁和石碑匾额。

明万历三十七年（1609），朝鲜使臣金存敬以圣节使书状官出使明朝。金存敬在出使明朝之前，有友人赠诗说道：“闻说幽燕风土异。”②这更加激发了他对燕赵文化景观的关注，在途经卢龙县时，他详细游

① ［韩］洪在烋：《北行歌研究》，韩国晓星女子大学出版部，1991年，第242—247页。

② ［朝］金存敬：《竹溪集》附录，朝鲜刻本，第5页。

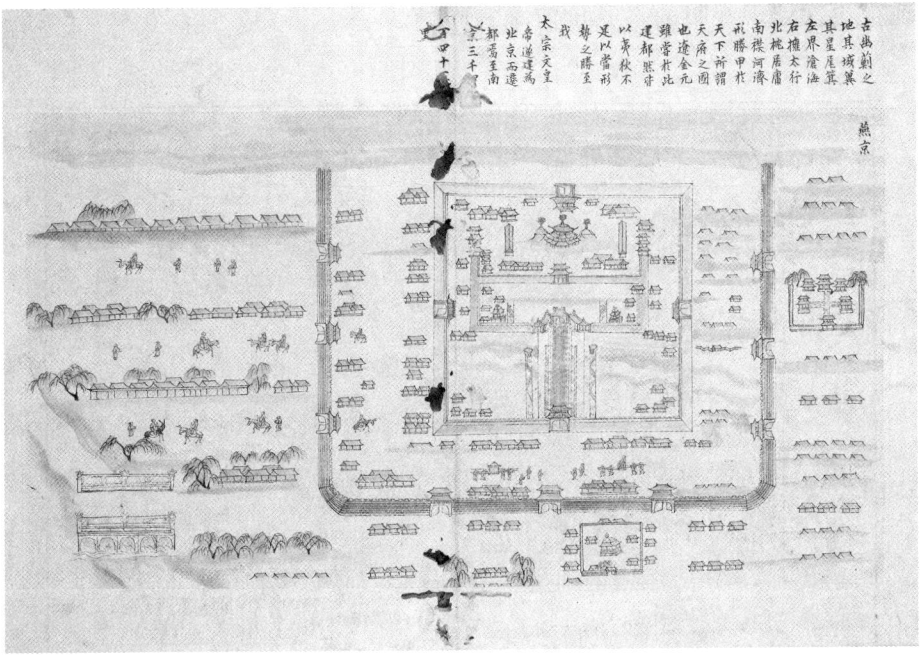

朝鲜画员所绘《航海朝天图》燕京部分

览了“卢龙八景”之一的“万柳含烟”后描写道：

> 十里河堤，万柳成荫，翠葆连空，干霄蔽日。其上朱栏碧户，迥出风埃。外门题曰“水色天光门”，东有石池种莲，其上有榭，题曰“鸥鹭忘机”，又其内有堂，题曰“节光圣里”，盖以布政之子少监公死其妻，过哀数月，而从死故云。又其内建观澜台，俯瞰数十里平湖。又其内有祠宇，乃布政公祖及子立像配享处也。此庄在府五里外。①

这段文字带我们走进了燕赵大地的文化景观，让已经消失的地域

① ［朝］金存敬：《竹溪集》卷三，朝鲜刻本，第12页。

瑰宝再次浮现在眼前，其价值不言而喻。

清康熙十九年（1680）《卢龙县志》中的《万柳含烟图》

次年，朝鲜使臣郑士信（1558—1619）以冬至副使出使明朝，其对“万柳含烟”的记录更为详细。

渡小川而西，万株杨柳高低，前野一派清溪映带，其间有小门翼然于溪岸，而绕以墙书，曰“水色天光”。石阶数十级，可凭而升。门之内，比砖为地，筑石为阶。构小亭，扁其前面曰“鸥鹭忘机”，后面曰“醉流”。亭之左右凿方池，长可五间，阔可两丈。左池则菰菜满潭，游鱼出没。右池则引流而溉，故水绝而涸，败荷在地。池之深几数丈，甃甓削立，绕以木栏，以便俯临。亭之后建小门，丹碧缥缈，制作精巧，书曰“三大夫”，盖主人李氏三世为大夫也。其内构三间阁，扁其南曰“渊泉时出”，北曰“醉露”。从阁中而出，迤西而北，由短墙夹门而入。门之内，筑砖方半间，高可及脐，其上为石假山，植稚松于庭。又数十步，筑炼石为台，高可数十尺。通其下作虹门，由门而入，从石梯而登于台。台之上建层楼，制作极巧，柱细如竹。又从梯而升，凭栏而下视，心神动摇，如在半空。扁楼之南曰“观澜”，北曰“峰峦环翠”。虹门之南曰“知止”，北曰“洞云深处”。又数步而有三间虚阁，题曰“为善最乐”。又其后为家庙，扁曰“世享如生”。庭植侧柏数株，庙之内，安塑像三，乃中宪大夫、陕西知府应期及中奉大夫、贵府左布政确斋及文林即光禄寺监事思斋，为三世也。①

“万柳含烟”因柳树繁盛而得名，据笔者现场考察和走访，又根据当地老者的证言，当时万柳庄内外柳树繁多且高大，中午炊烟无法散去，遂形成了“万柳含烟”的缥缈境界。无论此说法是否属实，卢龙县这一文化景观始终给人以美好的想象。

“万柳含烟”又因李氏一族之忠厚而流芳百世，不幸的是，在明清鼎革之际，随着万柳庄的湮灭，“万柳含烟”之盛况也消失在了人们的视线中。然而，后世对“万柳含烟”的追忆与评价却从未停止过。

永平府五里许，有所谓万柳庄，多载前辈题咏。中东岳行禄有曰：“庄乃故光禄寺监事李浣之别墅也，在永平东肥水北，门前有柳万株，故名焉。”其妻韩氏，于监事之没，庐居三年，执丧尽礼。庄后建一堂，堂设监事及其祖父三代画像。朝夕荐香，祭以四时，以节孝称世。乡人状于府，旌其门，又树碑，碑即翰林院庶吉士白榆撰，福建道监察御史韩应庚书云。余观遗墟芜没，旧楼倾颓，只有溪边衰柳数十株而已。意此牌榜所立即其地，而碑

① ［韩］林基中：《燕行录全集》第九册，韩国东国大学出版部，2001年，第310—311页。

不知在何处。①

上文乃朝鲜使臣金昌业（1658—1723）于1712年途经卢龙县时所记“万柳含烟”，当时距离胜迹消失已经过去近八十年，但李氏一族的功绩和忠贞始终没能让异域文士忘怀。现许多已不见于中国地方志的文化景观，却在诸多域外文献中生动呈现，这可被视为补遗地方志的一手资料。关于“卢龙八景”，还有对“孤竹风清”的记载。

孤竹古城在大滦河上，今过三千余年，颓圮已尽。只因旧基暂为修筑。城门题曰“孤竹城”。其下又题曰“贤人旧里”。庙门外墙题曰“清风百代”。其前树大石刻曰“到今称圣”。第一门题曰“敕赐清节”。祠门内右小门题曰“天地纲常”。左小门题曰“古今师范”。第二门题曰“伯夷叔齐”。其上题曰“上古逸民”。门内以孔子曾子称道，夷齐之言，立三大石刻之。第三门题曰“百岁之师”。第四门题曰“明朝封祠”。有左右门，左题曰“立懦”；右题曰“廉顽”。其内始建庙，立二子塑像，俨然衣冠，仰之若生。伯夷曰昭义清惠公，叔齐曰崇让仁惠公。内檐下揭板曰：“圣祠”；外檐下题曰“圣之清”。又曰“千古清风”。又曰“到称圣庙”。内右柱书曰“崇逊让乾坤清圣”；左柱书曰“谏征伐商周逸民”。外右柱书曰“叩马一言扶世道”；左柱书曰“采薇千古系人心”。庙前左右有长庑，乃修祀时斋室也。庙后有门，前题曰“仁贤肇迹”；后题曰“平滦上境”。其内左右有门，左曰“盥荐”；右曰“齐明”。其上有揖逊堂，檐内题曰“亲炙”。左右有房，堂后有圣旨立碑。其上筑台数仞，建溯清楼，俯临滦水上游。百世之下，清风飒飒，宛如当日。瞻拜庙宇，又登兹楼，精神悚然，

① ［韩］林基中：《燕行录全集》第三十三册，韩国东国大学出版部，2001年，第305页。

若惊矣。楼上揭板曰“清风高节”。其他碑镌门题称颂之祠不可胜记。孤竹君庙在城北河洲上，洲西有砥柱亭，城南有首阳山。①

孤竹古国疆域广阔、历史悠久、文化深厚，全面发掘其面貌是建设新时代中华文化的有效途径。在异域典籍中，我们已然找到了它在历史上、世界中的文化认同和思想高度。数千年、数百年的城垣楼宇和亭台碑刻都闪烁着耀眼的光芒，数千字、数百条的碑镌门题和赞文誉词都响彻着铿锵的回声。

清康熙十九年（1680）《卢龙县志》中的《孤竹风清图》

① ［朝］金存敬：《竹溪集》卷三，朝鲜刻本，第 12—13 页。

综上所述，域外使节不仅是两国政治的沟通者，也是两国文化的见证者、记录者、传承者。他们的观察反而比司空见惯的本地人更加仔细，观察以上记录便可发现，他们的记录与地方志“望远镜”式的书写不同，是“显微镜”式的记录，从地理位置、历史背景到亭台楼阁、牌匾石刻，无一遗漏。

除理性的记录之外，金存敬等朝鲜使臣还有感性的抒怀。申钦在形容“孤竹风清”和“万柳含烟”时感叹道：“滦河庙里清风在，万柳庄头翠色浮。”① 与金存敬一起出使明朝的柳梦寅回忆游览万柳庄时写下：

> 万柳三游度几年，濯湘尘想迈登仙。
> 菲辞叨浼丹青壁，琼报仍承节孝编。
> 掇我国风凭木铎，侯君卿月著筒传。
> 主人休问纱笼客，潦倒偏荒白满颠。②

由此可见，异域文士思念的是燕赵美景、中华孝节，感叹的是岁月无痕、身世浮沉。独在异乡为异客的朝鲜使臣总有新愁上心头，且看金存敬思绪里的万柳庄：

> 万柳溪头起夏凉，连宵翠葆荫村庄。
> 林园余趣人追慕，节孝芳声水共长。
> 遗像画堂留旧迹，夕阳残雨锁高岗。
> 来坐只恨王程促，云物应嗔客去忙。

---

① ［朝］金存敬：《竹溪集》附录，朝鲜刻本，第1页。

② ［朝］金存敬：《竹溪集》附录，朝鲜刻本，第10页。

新秋深巷动微凉，远客来登万柳庄。
树叶重重连岸碧，溪流滚滚绕村长。
几年簪组趋鹓路，今日楼台寄短岗。
鸥鹭亦知行役苦，暮天飞去笑吾忙。

如果说使行日记是客观的、理性的，那么使行诗歌则是主观的、感性的，正因为有这两种基调的调和，异域之眼、外乡之情才得以展现，哪怕缺失一点，个人和群体的感知、感受、感悟仿佛就会显得不全面。体验中国纪行的域外儒士因社会背景和个人倾向有所不同，他们笔下的中国也是不一样的，只有历时性和共时性地考察，才能客观反映东亚视域中的中国。

第二节　明末东亚时局的现状与士人认识

朝鲜半岛的儒士自古以“慕华思想”来想象世界、认识世界。因此，在他们看来，中国不仅是世界地理的中心，也是文化的中心。在漫长的历史中，这种世界观体现在各个方面，比如朝鲜时期绘制的《天下图》就呈现出天圆地方、中国居中的形状。

然而，朝鲜文士眼中的世界也是有细微变化的。金存敬出使明朝之时正值明朝末期，当时的国际局势十分不稳定，明朝内部腐化程度加剧，朝廷经历了万历抗倭援朝战争后元气大伤，朝鲜也刚从这场残酷的战争中挣脱出来，可谓百废待兴。

金存敬所见的明朝依然有繁荣景象。“自中江达辽左，一路禾黍盈

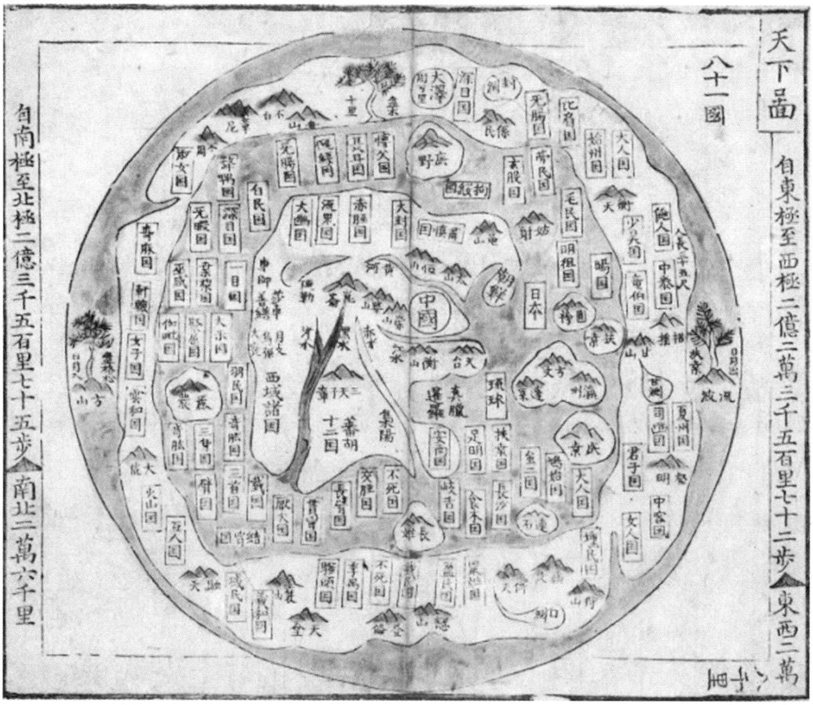

朝鲜时期绘制的《天下图》

畴，雨泽且埼农，有乐世之兴。”① 然而，他也敏锐地发现“自广宁以西数月不雨，川泽俱渴，而曹庄以西，旱气为尤甚，黍稷苗而不秀，有同负霜黄”②。

此时，不得不注意的是女真对明朝的威胁，这直接会左右朝鲜在“明朝—女真—朝鲜”这一三角局势中的走向。朝鲜士人的心理是矛盾的：一边是给予“再造之恩”的明朝，一边是异军突起的女真，朝鲜政坛在“大明义理”和“武力威胁”之间也引发了争论。所以，金存敬的观察和报告至关重要。

---

① ［朝］金存敬：《竹溪集》卷三，朝鲜刻本，第 2 页。

② ［朝］金存敬：《竹溪集》卷三，朝鲜刻本，第 10 页。

他看到女真抢掠于黄宁窝，“唐军三十七名战死”①。同时，他也认为明朝的防御是稳固的，“辽阳以西，五十里一烟墩，十里一铺，铺有守将，远近村落，各设烟台，候望鞑贼之至，防守之策尽矣”②。

然而，真正让他们担心的是明朝腐败的问题。金存敬一行到达辽东镇后，镇抚等人向朝鲜使行团过分索要银两，这使得他们的行程被耽搁。当时魏忠贤等太监逐步揽权，加剧了明朝内部的腐败，也造成了其与东林党的斗争③，这些现象也被朝鲜使臣记录了下来：

> 往见慈恩寺、上帝庙，寺与庙俱在城中，寺乃高太监重修者，奇巧壮丽，无与为伦，寺中缁徒数十余人，出见进茶，比流皆是，诵经念佛，自称高僧者也。④

> 关内饥荒重，被高太监之虐害，不保妻子，散之四方。自上年，税法已祛，年且稍稔，民才苏复，而凶歉余疹，犹未已也。未复平昔之华盛云矣。⑤

这些负面消息传到朝鲜国内，引起了不少担忧和争论。在金存敬的记录中，还有一则十分重要的信息，那就是蒙满虽然早年“不合，连岁交构，近始通和。豸曬送女相质，约与分侵辽界”⑥。这让金存敬不禁感叹道：“虏情叵测，变诈百端，其虚实未可的知也。”⑦ 这个难题

① ［朝］金存敬：《竹溪集》卷三，朝鲜刻本，第 3 页。
② ［朝］金存敬：《竹溪集》卷三，朝鲜刻本，第 6 页。
③ 王天有，高寿仙：《明史：多重性格的时代》，中信出版集团，2017 年，第 436—448 页。
④ ［朝］金存敬：《竹溪集》卷三，朝鲜刻本，第 8 页。
⑤ ［朝］金存敬：《竹溪集》卷三，朝鲜刻本，第 15 页。
⑥ ［朝］金存敬：《竹溪集》卷三，朝鲜刻本，第 25 页。
⑦ ［朝］金存敬：《竹溪集》卷三，朝鲜刻本，第 25 页。

也被他抛给了朝鲜朝廷。

16 世纪末至 17 世纪初是东亚政局极为动荡的时期，明朝的衰落和后金的建立与崛起，不仅让朝鲜在政治上不得不重新考量，还在文化认同上产生了怀疑。在既往的研究中，往往认为朝鲜自建立后，不论在政治还是文化上，对明朝的认同堪称典范。而且，明清鼎革之后才出现“华夷之辩”。[①] 我们通过金存敬等朝鲜使臣的记录可以知道，朝鲜对明朝的认识并非一成不变，它是经过“钦慕—怀疑—否定—缅怀”这一过程的。明朝和朝鲜在建国初期均需要和平稳定的外交环境，明朝在《皇明祖训》中明确指出朝鲜是不征之国，并实施礼待。朝鲜王朝属于易姓王朝，亟须内外认同，和明朝建立友好关系，继承中华正统是安外抚内的最佳路径。朝鲜对明朝的钦慕在壬辰倭乱时达到顶峰，之前朝鲜还在争论“事大”和“字小”的先后顺序，在平息倭乱后便转向一心事大。但是，随着越来越多朝鲜使臣目睹了明朝的弊病，加之女真的崛起，朝鲜不得不重新思考对待国际关系的立场，此时的朝鲜对明朝持有怀疑态度。这种怀疑态度至 1623 年“仁祖反正”达到顶峰，在朝贡册封的东亚秩序下，朝鲜未向明朝报告便更换国王，这使得两国出现了严重的外交危机，甚至有部分大臣对两国关系持有否定意见。待后金入主中原，改国号为清，朝鲜知道大势已去，即使相信“胡运不过百年”，对明朝也仅存缅怀之情。

由上述可知，对东亚政治史和思想史的认知应不断地更新，特别是通过发掘新资料来进行重构。金存敬的《竹溪集》便是重构东亚史的依据。除此之外，还有约五十部朝鲜使臣在明末书写的使行录，这些资料的价值不言而喻。

---

① 朴日成，徐东日：《论朝鲜朝文人南龙翼使行汉诗中的华夷观》，《延边大学学报（社会科学版）》，2021 年第 3 期，第 62—63 页。

余论　风月同天：域外典籍与燕赵文化的思考

一部域外典籍《竹溪集》向我们揭示了中韩文化的交融，无论从礼仪制度、外交政治，还是从日常生活来说，中韩两国文化同源、文化相通，这让我们再次思考“风月同天”的历史含义和现实价值。

通过对金存敬和《竹溪集》的研究，我们得到了一点很重要的信息：域外典籍可以复原已经遗失的燕赵文化景观。从唐朝至清末，朝鲜半岛派遣使行团约两千余次。使行团用诗文等记录的资料被统称为“燕行录”，目前已经发掘的“燕行录”约五百六十余种。“燕行录”中记载了朝鲜使行团赴京的所见、所闻、所感，河北作为外国使节进京的必经之地，其相关记录甚多。研究河北历史文化需要新的资料和新的方法，域外典籍弥补了国内文献所缺记和佚失之短点，发挥了“他山之石”之功效。针对如何利用这批珍贵域外典籍发掘燕赵文化在世界的认知和地位，兹提出以下几点思考。

就文献而言，关于“燕行录”的资料有韩国东国大学出版部出版的《燕行录全集 100 部》和《燕行录续集 50 部》。之后，韩国知识产业数据库进行了六次增补，共收录“燕行录”五百六十二种，是目前最全面的资料来源。当然，这其中也有遗漏。比如在收录吴允谦（1559—1636）的中国纪行诗时，遗漏了部分七言绝句，因为文集在编排的时候会按照五言至七言的顺序，由于辑录者未能全面搜索《楸滩文集》，从而导致只收录了前面的五言绝句等。

就方法而言，首先，以文献梳理法为基底。“燕行录”文献数量庞大，记录丰富，但存在异本及重记等现象。因此，需要为“燕行录”编好谱系，甄别异本中的底本或善本。其次，以明朝和清朝代表“燕行录”为线索，筛选资料群中“互文现象（Intertextuality）”，来确立最客观的凭证。最后，将各“燕行录”中有关河北历史文化的记事摘出并汇总，从文献层面全面地呈现异域之眼所观之河北，异域之笔所写之河北。

这种研究还需要以文学方法论为保障。朝鲜使臣来华之时，望高山大川与人文风俗便或诗或文，既有理性的记录，亦有感性的抒情。研究这一资料群，不能生硬对待，而是需要用文学方法论进行柔性地探讨。比如，以文学史的角度去探讨朝鲜使臣笔下的河北如何随时间推移而改变其形象，以文学地理学的观点去阐述朝鲜使臣笔下的景观如何成为国际性的“文学景观”，等等。这种研究可以以文化景观之观点，立体复原目前接近或已经消亡的河北历史文化遗迹，将其整理后补遗河北各地方志。比如历代“燕行录”中，秦皇岛的卢龙县出现频率最高。卢龙县因其独特的地理环境和文化内涵使得朝鲜使臣或诗或文争相记载，其中便有目前已经消亡的“卢龙八景”。目前，只知《卢龙县志》记有“卢龙八景”，但其前世今生以及细部布局尚不可测。然而，明清时期的“燕行录”中详细记载了“卢龙八景”的亭台楼阁和石碑匾额。除此之外，朝鲜使臣也关注了孤竹古城和雄县的历史地理，这对于探讨雄安新区的历史地位可谓弥足珍贵，也对复原河北历史文化古迹有着重大意义。只有运用文学方法论去观照这一资料群，才能让文献活起来，才可以让河北各地方志丰富起来，才可使河北形象动起来。

这种研究更需要以文化产业论为终端。我们的社会发展和学界态势已经站在了后现代的门槛上，单纯的理论研究已经不能满足时代和社会的需求。尤其是人文学科，研产结合、研产转换已经成了时急之务。对河北历史文化的研究也应该放眼于未来，并结合国家的重大战略而为之。本书的研究主题是符合“一带一路”东线延展的，“燕行录”所体现的“燕行路”是东至鸭绿江、西至江南的路线，其还有连接东海的海上路线。所以，对“燕行路”上历史文化的发掘和文旅开发有利于促进“一带一路”东线的建设。本研究也是符合“京津冀”建设发展的，“燕行路”途经河北且终点为北京，在明清鼎革时期也有途经天津的路线，从东亚历史上为“京津冀协同发展”找到了新的依据。运用文化产业论对“燕行路”进行文旅开发可以带动“京津冀文旅协同发展”，对于吸引中外游客、弘扬中华文化有着积极作用。

在“燕行录”中存在三十部用古代韩语书写的珍贵文本，其未避中国人之讳而记录，有补遗汉文“燕行录”之作用。其大多为朝鲜女性而作，记录视角有别于其他资料。但因文献性质、语言屏障、表达方式等难点存在，国内学界尚未对其进行研究。

原典校注

凡　例

一、本部分系朝鲜儒士金存敬之《竹溪集》原典校注，其初刊本佚失，现存重刊本三部，分别为：韩国国立中央图书馆藏本、韩国国立全南大学藏本、梁钊个人藏本。三部为同一版本，故以重刊本为底本进行校注。

二、原典编排以保存旧貌为准则，原集次序为：序、年谱、诗、论、策、疏、书、祝文、祭文、日记、附录、跋。

三、原典出校以保留原貌为准则，然豕亥、异体等无关宏旨之处，不复出校。原典缺字以虚缺号“□”代替。

四、原典注释以域外之人名、地名、典故等为主，中国之常见人名、地名、典故不复注释。

五、原典校注以方便阅读为宗旨，采取新式标点，且按文意加以分段。

竹溪集　乾

竹溪集序文

孟子尚论古之人曰："诵其诗，读其书，不知其人可乎？"① 诵诗读书其人可知，则虽在百岁之下，犹可以想象而寓其景仰之怀耳。呜呼！余出守潭州②，见光山③金公瑞石④竹溪两代之诗，未尝不三复而兴叹者。光山之金，即我东之一大家也。至其苗裔又有两先生，而行谊之卓绝如是，文章之瑰伟又如是，则斯可谓继先烈而昭后世矣。由是腏食于乡祠，拜恩于天朝，抑未知当时士林之尊奉，今日后生之崇慕若是者，其非有所兴感于诵其诗、读其书之余者耶？惜乎其格言懿行伟篇丽藻多失于兵燹之中，而不尽传于世。其幸存而未灭者，其后孙硕根殚诚方鸠。并与其时侪友间名公宗匠之酬唱赠寄者稡成一帙，付诸

---

① 出自《孟子·万章下》，原文为："颂其诗，读其书，不知其人可乎？""颂"通"诵"。

② 潭州：现韩国全罗南道潭阳郡的旧称。

③ 光山：金存敬祖籍地。

④ 瑞石：金存敬父金彦勗之号。

剞劂氏，要使其不可坳之迹，以至于不能坳之域。编虽鲜，犹芹后之人诵而读之可以知其人之贤矣。此所谓看得他一翎一毛可知为凤凰麒麟者也。余有所感于平日，而今因金生硕根来求遗集之序。遂不敢辞，略书其概云。

崇祯后三癸亥冬，完山[1]李东野谨书

竹溪集目录

卷之一

---

① 完山：现韩国全罗北道完州郡的旧称。

次安书状瞰韵
白发契宴书怀示诸贤
次芹田子湾上惜别两韵
又和芹田子一两儿词
谨次
同辛书状官次杜中书华清宫三十言律五言
与辛书状官次柳州韵赠千秋使尹定卿书状官安
练光亭次柳使相梦寅韵
宣川馆次柳使相韵
奉柳使相共次壁上诗四首五言
登控江亭七言
题纳清亭五言
所串馆次使相诗
次谷神子令公诗
莒州城忆盖苏文
逾双青岭渡八渡河
高岭道中
韩家坟国朝韩尚书名，欠考
华表柱有感
次吊华表柱
西会寺
白塔寺唐太宗东征时新建
望京楼洪武间新建，嘉靖甲寅重修者也
次千秋使阴浦令诗
久滞辽始离怀远馆宿首山馆
次首山岭使相诗五言
沙河铺

长店铺

鞍山途中次使相诗七言

海州卫五言

牛家庄二首七言

三叉河

高平即事

发高平五言

广宁馆七言

过闾阳宿十三山

大陵河

杏山松山五言

红罗山

宁远卫口占

宿东关

次贞女祠

万里长城

望海楼次黄天使诗在山海关十里外

题万柳庄在永平府，前贵州布政李克浊所营者

孤竹城在大滦河上有夷齐庙

次蓟柳

渔阳桥在蓟州东

次良苦吟五言

通州戴店病卧次千秋使令诗七言三首

又次使相诗五言

玉河馆先送千秋使五言二首

玉河馆书赠刘尚德

通州道中七言

十月八日宿三河

神仙岭

玉田道中

次南薰亭

题杏山驿

少陵河

至日怀远馆有怀

送高晴沙朝天五言

龙湾馆次送林点马埬还朝七言

怀远馆送尹定卿

怀远馆书怀

过甘泉铺有感因成五言律呈书状官

抵高平寄金甥

盘山道中

次押马官诗

广宁李守时家

次书状官望海楼诗

山海关忆故乡书怀

深河途中偶吟示书状官

丰润郭家次千秋使留壁上韵

玉河馆书怀呈雪樵竹屋芹田三词伯二首

题洗心台与金延兴悌男金晚休亿镒□清川思孟共赋

和咏马耳山

遂甫家次子述壁上韵二首

谢金遂甫见访

归田园吟寄金叔度清阴

忆长山人

卷之二

书

柳眉岩建祠事上道伯书

祝文

康津县文庙重修移安告由文

祭文

祭金主簿亿镒文二首

又

卷之三

日记上万历己酉六月圣节使赴京

日记中万历己酉六月圣节使赴京

日记下万历己酉六月圣节使赴京

卷之四

日记上万历癸亥自庆州治装归乡

日记下万历癸亥自庆州治装归乡

附　录

奉赠金书状行庐己酉书状官时

奉送金书状守吾赴京

用汝章韵送金庚兄守吾朝天

送别金守吾情兄朝天

奉送金守吾赴万寿贺节

奉送守吾贤兄书状之行二首

赠别金守吾老兄赴燕京

奉送金书状守吾贺圣节

吾友金守吾以书状赴天朝临别无以为怀联缀荒芜以赌客中一粲

奉送金郎中使赴上京

次韵送金正郎朝京

奉别金正郎之燕京

赠别守吾朝天上京

送圣节书状官金公赴京

复用前韵奉赠竹溪行史

复用前韵奉别金守吾尊史

续呈五言近体二首兼供使相词伯和韵之用

送金守吾旧僚赴京

送金书状朝京

赠圣节使之行丁巳圣节使时

奉别圣节使令公赴京

金同知令公访仆于石隅侨居言将赴京请赠言，属有迁次之扰，阙焉未报

送别金同知令公以圣节使朝京录奉二律

奉送金参判守吾令公以圣节使赴京

奉送金同知令公以圣节使如京师

奉赆贺节正使金同知之行

赠别圣节使朝京

奉别竹溪令公赴京

奉别圣节上使金令公

奉送竹溪金令公以圣节使朝天二首

送圣节使金同知之燕京

奉送金令公赴京

奉赠金竹溪令公重游万柳庄仍传节孝编后录诗并序

奉别圣节使之行二首

奉别圣节使行轩

赠金竹溪守吾朝天之行

奉别圣节使金令公之行

贺节上价金公守吾己酉夏以圣节书状赴京

奉别圣节使金守吾令公如京

赠别圣节使行轩

又永绝叙夙昔钦慕之意

奉呈金守吾令兄圣节使之行

奉送金同知令兄赴京

奉别金同知圣节使之行

奉别

仰赆舅主贺圣节如京之行

到龙湾奉别圣节使同知令监

奉别圣节使之京

奉送金同知令公以圣节使如京师

又

附诸贤酬唱

别金守吾还乡

次清阴韵别三流亭主人

送金庆州还乡

守吾自月城去官而归题赠以慰

呈三流亭主人

次金陵话别

录奉金陵太守

次白莲社赏花

次金玉成金守吾邀余入玉泉寺夜话

送金守吾令公以卫将上京

送金参判守吾

① 诗文内容缺失。

卷之一　年谱汉诗

一　作者年谱

年谱

大明穆宗皇帝隆庆三年我宣祖大王二年[①]。

己巳正月三十日，先生生于潭阳郡大谷里第，生而岐嶷，神彩精粹。

四年庚午，先生二岁。

五年辛未，先生三岁。

六年壬申，先生四岁。

神宗皇帝万历元年癸酉，先生五岁。自始语，便解文字，至是请学，考参赞公以清癯质弱不许课程。

二年甲戌，先生六岁。孝敬天成，克遵庭训。

---

① 宣祖大王二年：1569年。

三年乙亥，先生七岁。始就学，字义文理，必切问而晓解，不明不措。

四年丙子，先生八岁。能属文，语辄惊人，同学侪流待之如先辈长德。

五年丁丑，先生九岁。通读孝经、小学等书，不但为口耳诵习之资，必以实践为事。常曰："家法之正，当以司马温公①、吕荣公②为法。居官任重，当以范文正公③为志。"是岁，闻眉岩柳先生④之卒，痛疊殊甚，曰："此非但乡里之贤大夫也，负一国山斗之雅望。而小子稺骙，未能服事。先生之不幸，乃后生无福。"人服其慕贤之雅志。

六年戊寅，先生十岁。

七年己卯，先生十一岁。经传义理，沉潜反复，昕夕瀜解，参赞公甚奇爱之。

八年庚辰，先生十二岁。

九年辛巳，先生十三岁。

十年壬午，先生十四岁。

十一年癸未，先生十五岁。聘夫人阳城李氏郡守彦诚女。

十二年甲申，先生十六岁。

十三年乙酉，先生十七岁。

十四年丙戌，先生十八岁。

十五年丁亥，先生十九岁。文学夙成，声望蔼蔚，当时士友莫不敬重之。

十六年戊子，先生二十岁。一女生金承旨光爀⑤妇。

---

① 司马温公：司马迁。

② 吕荣公：吕公著。

③ 范文正公：范仲淹。

④ 眉岩柳先生：柳希春（1513—1577），号眉岩，朝鲜著名文臣，官至吏曹参判。

⑤ 金承旨光爀：金存敬长女嫁金光爀，承旨为朝鲜承政院正三品官职。

十七年己丑，先生二十一岁。中成均生员①

十八年庚寅，先生二十二岁。始就沙溪先生②门受学，先生亲爱而劝奖焉。退与从叔晚德大器晨夕相对，讨论经旨。

十九年辛卯，先生二十三岁，二女生生员扶宁③金瓒④妇。

二十年壬辰，先生二十四岁。是岁，岛夷猖獗⑤，考参赞公匍匐扈驾，以家事托先生。

二十一年癸巳，先生二十五岁。十二月，夫人李氏卒。

二十二年甲午，先生二十六岁。

二十三年乙未，先生二十七岁。聘夫人新平宋氏忠顺卫叔男女。

二十四年丙申，先生二十八岁。八月，遭参赞公忧，三年泣血庐墓终制。

二十五年丁酉，先生二十九岁。正月，丁妣贞夫人李氏丧，前丧未阕，后丧叠臻。益切蓼莪之痛，因以祔葬，朝夕拜哭，柴毁骨立。

二十六年戊戌，先生三十岁。

二十七年己亥，先生三十一岁。阕制撤庐归家，自是晨夕谒庙，终身不废。秋登别试丙科，殿试之日，适值雷雨，天地昏黑，纸墨难分，而廷试之策，借电光书，进人咸服其通敏。初拜成均馆正字⑥兼奉常寺⑦参奉⑧。

---

① 生员：朝鲜生员试及第者。

② 沙溪先生：朝鲜著名文臣、思想家金长生。

③ 扶宁：现韩国全罗北道扶安郡的旧称。

④ 金瓒：身世不详。

⑤ 岛夷猖獗：日本发动的万历朝鲜战争（又称壬辰倭乱，1592—1598）。

⑥ 正字：朝鲜正九品官职。

⑦ 奉常寺：朝鲜掌管祭祀之官署。

⑧ 参奉：朝鲜从九品官职。

二十八年庚子，先生三十二岁。春，升弘文馆①著作转至博士。

二十九年辛丑，先生三十三岁。夏，拜居山道②察访③。居山弊俗，巡点邮卒有征捧赎布之例，而悉除之，驿民咸颂其德。秋，移拜输城道④察访，以居山不满考治绩未完，辞不赴。十月，除海美县⑤监。

三十年壬寅，先生三十四岁。十月，除康津县⑥监，夫马迎送之费皆自办。凡系民瘼，亦皆革袪。

三十一年癸卯，先生三十五岁。撰康津圣庙重修告由文。

三十二年甲辰，先生三十六岁。莅县三载，以治绩居最。上下赏赐文以褒美之。

三十三年乙巳，先生三十七岁。男日迁生。

三十四年丙午，先生三十八岁。夏，拜刑曹佐郎。秋，接伴天朝赍诏官，旋授黄海都事⑦，辞递。

三十五年丁未，先生三十九岁。

三十六年戊申，先生四十岁。二月，宣祖大王升遐，赴阙举哀。四月，拜户曹正郎兼春秋馆记注官。冬，除司谏院正言。

三十七年己酉光海主元年，先生四十一岁。春，拜司宪府持平兼春秋馆记事官，寻授千秋使⑧书状官朝京。

三十八年庚戌，先生四十二岁。夏，拜刑曹正郎兼春秋馆记事官。冬，拜关西敬差官。

---

① 弘文馆：朝鲜负责管理宫中经书史籍、处理文翰以及回应国王各种咨询之官署。

② 居山道：咸镜道以居山驿为中心的十九个驿站形成的驿路。

③ 察访：朝鲜各道管理驿站的从六品官职。

④ 输城道：咸镜道以输城驿为中心形成的驿路。

⑤ 海美县：现韩国忠清南道瑞山市海美面。

⑥ 康津县：现韩国全罗南道康津郡。

⑦ 都事：朝鲜从七品官职。

⑧ 据同行柳梦寅等使行身份，此处应为“圣节使”。

三十九年辛亥，先生四十三岁。春，拜司宪府持平，进封事疏文佚，极言禁奢侈、振纪纲、信赏罚、斥奸邪、察民隐、谨天灾之道，蒙优批嘉奖。秋，以京试官试士于公清左道，时称考鉴之明。十月，除金堤郡①守，政清民化，有徯来之谣。

四十年壬子，先生四十四岁。二月，除礼曹正郎，移授信川郡守。

四十一年癸丑，先生四十五岁。春，除京畿都事，俄迁成均馆典籍。秋，递授文宣传，移授户曹正郎，又拜通礼院相礼。是岁，永昌大君遇害，仁穆大妃幽闭西宫，先生惕然伤痛曰："草野贱臣受先王厚恩，当此彝伦斁丧之变而不能匡救，徒贪禄位，不如归死田里之为愈也。"即欲进章乞骸，同僚诸宰皆言人臣之道有抗义立节者，有尽忠扶社者，公果忘世则其如国家何？苍生何？先生僶俛供职，每向西宫默祷遄返正位。

四十二年甲寅，先生四十六岁。升济用监。正二月，除三陟都护府使，莅任数载，兴学劝农，阖境又安，府民竖碑颂功。

四十三年乙卯，先生四十七岁。夏，以治郡高第，下御制论赏，加通政大夫。

四十四年丙辰，先生四十八岁。春，解官归乡。三月，以在三陟时军器别备事论启，升嘉义大夫。秋，拜都总府副总管，辞递。

四十五年丁巳，先生四十九岁。春，拜兵曹参议，移拜同知中枢府事，强起赴职。六月，拜圣节使。十三日，拜命辞阙。详见先生日记②。

四十六年戊午，先生五十岁。夏，还朝复命。昨年赴京时，行到义州，司仆寺养马金得时者，作弊于州。先生与书状官辛义立论启除下，得时深衔之，构捏诬诉，上疏辨明。即拜中枢府事，旋拜江原道

① 金堤郡：古时韩国全罗北道西北部的郡，1995年编入现韩国金堤市。

② 日记：指"圣节使赴京日记"，此处有误，考证见前文第二章。

观察使兼兵马水军节度使。

四十七年己未，先生五十一岁。

四十八年庚申，先生五十二岁是岁，神宗皇帝崩。夏，除庆州府尹兼庆州镇兵马佥节制使。

熹宗皇帝天启元年辛酉，先生五十三岁。

二年壬戌，先生五十四岁。十二月，辞职。

三年癸亥，先生五十五岁。正月，自庆州治装归乡，详见先生日记。三月，得京报，闻仁祖大王与忠义诸臣诣西宫，奉大妃还法宫，进大号以命废光海，且金甥光爀驰书趣装上来，故即启肃阙之行。见枫溪①相公及赵应教希逸②致慰于朴子龙名东亮，曾在宣庙顾命七臣之列者也。又往杨州见金尚宪③，叔度拜同知中枢府事以超资乞免。谒沙溪先生。以廷试试官拜命入阙。六月，下直肃阙，即归乡。七月，陪叔父苍泱公往牛岾庵舍宿留。八月，往牛岾占江皋营造三流亭以为栖息终老计。

四年甲子我仁祖④大王元年，先生五十六岁。正月，闻适贼构乱朝廷，令本道监司急抄精锐赴援。全州判官禹甸以中军到本府，领山城所属七邑军习阵。公独奋然有勤王之志，力疾趋行，中路闻大驾南幸，大妃及内殿将到完山，苍黄奔驰迎拜。大驾于公山，贼已平矣。见顺兴君金庆征、都检察使金尚容，问上达之可否，皆曰："贼平无虞，即为下乡无害于义兵。"判金埿二相李贵、右相申钦、承旨赵希逸见先生谓曰："请于仙源以名置簿于备边司。"先生答曰："君父蒙尘，臣子奔问自是道理。衰老之臣，有何谋虑？而必欲置簿耶？"固辞不许。及大驾

① 枫溪：金尚容（1561—1637），朝鲜著名文臣，官至正一品右议政。

② 赵应教希逸：应教为负责制撰、祠命的官职。赵希逸（1575—1638），历任吏曹参判、庆尚监司等官职。

③ 金尚宪：金尚宪（1570—1652），字叔度，号清阴，金尚容之弟，朝鲜著名文臣，于1626年出使明朝。

④ 仁祖：朝鲜第十六代王，在位期间为1623—1649年。

回銮，中路祇送。即启归程。

五年乙丑，先生五十七岁。牛岾江亭始成。十月，会宗族于亭上，供具极欢。时人荣之，譬之疏太傅[①]故事。自是与季氏德岩存畏、门叔晚德大器及郑畸翁弘溟、曹数竹弘立、高晴沙用厚诸名贤觞咏娱乐，殆无虚日。

六年丙寅，先生五十八岁。夏，拜都总府都总管病递。

七年丁卯，先生五十九岁。正月，虏警西路骚挠，列镇瓦解。先生闻报即发，高君涉傅川闻先生之行，来会同行。二月，至尼山，迎拜东殿，与宰臣及曾经侍从扈从者慰谕东殿而辞退。三月，旋闻东殿自完山不意西上，星夜驰行，抵完山。先见右相申钦及沈学，而李命俊扈从东殿至砺山。闻和成，拜送东宫于皇华亭而归。

毅宗皇帝崇祯元年戊辰，先生六十岁。四月，拜同知中枢府事。

二年己巳，先生六十一岁。四月，除五卫将，上疏辞递。

三年庚午，先生六十二岁。

四年辛未，先生六十三岁。闰十一月十九日亥时，考终于正寝。

五年壬申三月十三日，藏于府之大谷面大喜寺先茔侧负艮之原。

我纯庙三年癸亥，行状成参奉金允秋撰。

---

① 疏太傅：疏广（？—前45），西汉道家。据《汉书》记载，其为博士、太中大夫、太子太傅。当时，疏广与其侄疏受（太子少傅）受宣帝器重，朝廷上下成以为荣。在此情况下，疏广与侄子疏受共同主动辞官归乡，被世人称赞。

二　创作汉诗

诗

书怀

百年勋业晚云台，秋恨惊心乱未裁。
杨柳故山徒极目，夕鸦长伴客徘徊。

见禁苑霜叶有感

禁林秋色老乌台，霜叶繁如万锦裁。
寂寞城边吟病客，闭门长对月徘徊。

与弟德岩存畏夜话二首

哀弦数曲与清歌，兄弟相逢夜话多。
他日解携归去路，月明何处宿谁家。

一声清唱戛云歌，夜酌频开乐事多。
来岁故园君独去，梅花应发垅头家。

金陵与林子慎[①]㥠号石村话别二首

官醖添筹虽解醉，春愁如织未能裁。
金陵此夕分携地，明月他时梦独回。

---

① 林子慎：林㥠（1570—1624），字子慎，朝鲜文臣。

歌声入夜犹清转，别恨当杯苦未裁。
何处迢迢芳草路，有诗频递驿筒回。

白莲社与白善鸣①号松湖赏花

曾是南湖旧酒伴，十年多难各天涯。
今来却恨寻春晚，古寺门前已落花。

和梁学官②卜居诗

岁丙午秋，余行过西路，值梁学官理一于箕城，连日从游，忻成既见之愿。理一道其关东卜居之胜，且言其自题七言律求和，以为他日相访之资，辞不获已，遂次以别。

金刚之麓势纡余，天秘灵源借子居。
习静因开蒋诩筑，诵经长坐法棱庐。
渔樵兴足生涯好，水月情深世事除。
他日相寻知已晚，学游空自愧相如。

夜坐

碧天初月半成轮，今夜偏伤病后神。
怊怅一秋无好兴，小窗孤坐到鸡晨。

忆湖乡秋果

忆昨湖南赋远游，满园清兴属残秋。
三年京洛空回首，黄叶飞时十倍愁。

---

① 白善鸣：白振南（1564—1618），字善鸣，朝鲜中期文人、书法家。

② 学官：主管学务的官员，隶属朝鲜承文院。

再叠书怀

病客无心办胜游，寒斋辜负一年秋。
篱边霜菊清香晚，谁系青丝慰我愁。

感怀二首

故园遥记寂寥中，霜落溪山草木红。
身在一床非不得，晓窗孤梦趁归鸿。

二年长在卧吟中，今日颜非昨日红。
孤枕小堂无梦寐，夜深风外有鸣鸿。

次安书状璥①韵

归路漫漫梦亦休，元龙无计上危楼。
高秋空遣故园兴，一札谁传异地愁。
更漏夜迟悲枕冷，叫蛩声起感时遒。
个中尤觉难堪处，老去多思拥弊裘。

白发契宴书怀示诸贤

赤叶黄花绮席明，相邀白发话深情。
亲朋眼底皆零落，二十人中半死生。
山海供羞珍错列，弦歌闹耳舞衣轻。
百年行乐知无日，莫惜樽前引巨觥。

① 安书状璥：安璥（1564—1640），朝鲜文臣，于1621年由海路出使明朝。

次芹田①子湾上惜别两韵

津头日晚竞呼船，风摆晴云浪接天。
恨粉离歌叠几寓，远汀芳草路回千。
停航欲下还牵袂，登岸临分更就筵。
珍重此时难别意，月明何处伴愁眠。

欲别迟迟日已西，无涯恨与远天齐。
江滩剩听向人咽，红粉难看掩面啼。
制泪莫嫌言笑晏，潜悲谁识道途迷。
燕山此去三千里，回雁须凭一札题。

又和芹田子一两儿词

宫样妆成翠黛横，风流御史动威声。
丹唇欲放征云遏，白苧新裁暖云明。
唱尽娇歌莺语滑，舞回衫袖柳枝轻。
共将春意争羞态，偷眄郎君好恶情。

右两儿

浿水②仙娥谪几年，人间天上渺茫边。
画阁已识春风面，云雨终期楚梦圆。
檀板细敲声宛转，翠罗轻拂影蹁跹。
莫言未惯青楼习，妒语霏霏荡子前。

右一儿

① 芹田：朝鲜文臣安瓛之号。
② 浿水：现朝鲜青川江与大同江的旧称。

谨次

恭将筐篚觐天朝，却喜翻身傍九霄。
瑞色玲珑上苑树，恩波洋溢玉河桥。
岧峣凤阙寻常见，咫尺仙台万里遥。
十载重来成底事，鬓边还觉雪霜饶。

同辛书状官次杜中书华清宫三十言律五言

早从文苑里，才愧望门墙。
学礼昧庭训，看书借壁光。
空将斥鹞步，坐送半生强。
门巷开三迳，田园种百桑。
南风歌帝舜，一纲祝殷汤。
众弃悲樗栎，天威羡豫章。
世趋槐蚁战，谁念谷兰芳。
歌吹虹流节，芳华岁序良。
吾王诚既大，圣寿祝无央。
念我从槎路，同君上昊苍。
计程今几日，候馆已新凉。
淅沥初零露，轻盈若缀珰。
感时挑庾兴，觅句富奚囊。
镜里饶霜发，樽前欠靓妆。
归心见月切，虫语竟宵长。
观礼追吴季，来庭类越裳。
同仁荷圣德，异地亦吾乡。
壮哉燕都胜，郁然佳气将。
金汤扼项背，钓筑理阴阳。
鼓腹安耕凿，筹边息槊枪。

三光调玉烛，六合播馨香。
尧舜今垂拱，唐虞岂渺茫。
不徒蔀屋乐，方可历年昌。
末路多惊浪，人心险瞿塘。
浮沉随所适，坎坷不须伤。
寂寂乌蛮馆，凄凄八月霜。
独贤皆使事，奚暇念闺房。
乡国归何日，壶浆倾满筐。
冬炉拥云夜，新月绕修梁。
妻子慰行役，相将在我傍。

与辛书状官次柳州韵赠千秋使尹定卿书状官安

吾友雪樵子，气概多豪爽。
牢落不拘俗，高标人所仰。
穷达任皇天，托契百药长。
受知我已久，从游乐心赏。
岁丁陬訾春，迹游伴宫上。
荷君指筌蹄，情深忝同榜。
遂通金门籍，前途便开敞。
宦海多风波，有如临滉瀁。
浮沉二十载，乾鹄不知往。
顾惭应专对，螺蛳吞大象。
同君入燕城，王事何鞅掌。
违乡四千里，夜夜劳梦想。
沉阴湾馆中，白日走魍魉。
寂寞共艰辛，我访君且枉。
霜天忽摇落，啾啾蟋蟀响。

君今启还旆，涉险同筹曩。
况如安柏府，临分心养养。
自喜暮年交，客巾忻相仗。
清诗出水莲，神精觉润朗。
北轩费追随，调谑成酒党。
意气倾皇都，飘然脱尘坱。
子又舍我去，独留将安仿。
关塞路无穷，遥遥出平壤。
亭障连鹤野，长垣跨泱莽。
鸣鞭两行行，四牡脩且广。
去留皆国耳，离恨祛摇荡。
鸭江冬日温，船头飘五两。
应有眼中人，寄语能想象。
举杯戒行李，白发悲千丈。
吾亦钟子归，北阙朝稽颡①。

练光亭②次柳使相③梦寅韵

万历己酉，以书状官随柳艮菴梦寅朝天。

何人为想昔年游，江上重修百尺楼。
金碧影沉鲛妇室，微茫气接玉河流。
野低暝树迷霞外，地远长风入槛头。
征客偶登潮落后，白鸥洲畔是雄州。

---

① 稽颡：出自《仪礼·士丧礼》，古代礼节，表示极度虔诚。

② 练光亭：位于朝鲜半岛平壤大同江畔的名亭，古代为中朝重要驿站。

③ 柳使相：柳梦寅，朝鲜文臣，于 1591、1596、1609 年分别以质正官、陈慰使书状官、圣节使正使出使明朝。

宣川馆[①]次柳使相韵

世味多端鬓已斑，十年踪迹际时艰。
休心剩负颐玄牝，拄笏空惭对碧山。
红杏日边谁得失，猗兰琴里足悲欢。
超然不作穷途哭，一任浮云自往还。

望里南天眼欲花，郡斋寥落鸟音哗。
身飘关塞悲孤影，梦到乡间叹靡家。
万里捧纶充贺燕，片言专对愧悬河。
秋风未老吾当返，门带清江又白沙。

奉柳使相共次壁上诗四首五言

昔作宣州客，重来岁月更。
等闲为一梦，携兴有余情。
帘幕迷晴霭，牛羊下暮城。
悠悠成独坐，怊怅望瑶京。

独酌元非恶，愁多不愿醒。
才逢新面目，犹想旧仪形。
袅袅柳藏迳，丝丝雨满庭。
相思人已去，无语小灯青。

浮海嗟吾晚，邮亭每独过。
山川阔马首，林樾寄人家。
涤暑怜松近，宽忧爱酒多。

① 宣川馆：位于朝鲜半岛平安北道宣川郡的古代中朝驿站。

谩搔双鬓雪，危涕昔年华。

自是湖南客，幽居足物华。
秋鲜截玉缕，春茗煮金芽。
旅食行旌远，他乡道路斜。
潜思归去日，梅发故园查。

登控江亭[1]七言

亭临古塞天涯路，江接沧溟万里潮。
倦客登来思杳杳，望巾平楚又迢迢。

题纳清亭[2]五言

驻马清溪上，行临断垄平。
出门无不苦，况此触炎程。
轩纳长松韵，窗含晚岫情。
仍思西塞远，便觉一身轻。

所串馆[3]次使相诗

厌闻尘世是非哗，我不磷焉彼岂磨。
万事一身双鬓雪，男儿到处即为家。

次谷神子令公诗

客渡湾河地已分，云山何事又纷纷。

---

① 控江亭：位于朝鲜半岛平安北道博川郡博川江边的亭子，是古代朝鲜的驿站与有名的文学景观。
② 纳清亭：位于朝鲜半岛平安北道云田郡的亭子，曾因作为接待明朝使臣的驿站而名声大振。
③ 所串馆：位于朝鲜半岛平安北道的古代中朝驿站。

望穷不禁思乡泪，说与悲欢赖有君。

西指辽阳路政分，满江离思自纷纷。
客巿又作经年别，秋晚皇州倍忆君。

莒州城忆盖苏文①

城在凤凰山，高句丽时盖苏文据险全军处也。
凤凰城下住征鞭，往事苍茫只逝川。
天险本因王者设，复关曾与海东连。
将军死守重围解，万乘亲推卷甲旋。
男子三韩谁出右，盛名千古寄山颠。

逾双青岭渡八渡河

暮宿田家拥小衾，无端新月搅乡心。
严程接塞云如火，暝树当窗鸟返林。
跋涉本因观国聘，揣摩宁为下机金。
天涯寥落悲身世，独对残灯更整襟。

仆夫休道橐倾粮，未半辽阳路且长。
鲽域向来悲跼束，皇州此去便翱翔。
奔流回薄知多峡，岗坂崎岖动折箱。
赖有主翁怜客苦，伴眠终夜免风霜。

高岭道中

高岗崭截等莲花，夹迳斜斜鸟渡霞。

---

① 盖苏文：高句丽时期的军事统帅，曾参与唐朝和高句丽的战争。

急水澎锠龙走壑，苍崖蹴踏虎磨牙。
殊方险阻行难尽，故国山河望更遐。
竣事何时湖上去，竹林春昼岸乌纱。

韩家坟国朝韩尚书名，欠考

相国孤坟俯碧波，盛朝曾是擢巍科。
玉岑垅上名留久，短碣祠前字不磨。
奕世豪心今寂寞，有涯人事付无何。
惟看青石凌霄立，东走千峰似犬牙。

华表柱有感①

柱在北仓，设庙堂，立金字位牌，庙门外有井，谚传令威以北仓官愤世投井而死，遂不得尸，其后千年化鹤而来。

浮生忽忽鸟飞过，白日腾空信不讹。
半世酪奴同大隐，一朝羽化入无何。
缟衣丹顶阅沙界，碧海桑田几烂柯。
感旧千年余短柱，遗词吟罢鬓先皤。

次吊华表柱

羽客人间莫谓无，前身坐谪降寰区。
风灯石火更千劫，蝴蝶庄周本一躯。
笑彼老龟终入烂，收吾道骨可藏壶。
当年化鹤归何处，仙梦翻寻赤壁苏。

---

① 《搜神记》曰："辽东城门有华表柱，忽有一白鹤集柱头，时有少年，举弓欲射之，鹤乃飞，徘徊空中而言曰：'有鸟有鸟丁令威，去家千岁今来归。城郭如故人民非，何不学仙冢垒垒。'遂高上冲天。今辽东诸丁，云其先世有升仙者，不知名字。"

西会寺

寺在城西松桂林，花宫珠殿自成阴。
初疑梁帝重云作，恍听钱王九乳音。
巧匠效奇纷织藕，虽民祈福竞输琛。
谁知倚偏东韩客，一日奇观惬素心。

白塔寺唐太宗东征时新建

玉塔岩峣鸟共翩，北临城上雉三千。
众工会督征辽士，大役应惮使鬼钱。
累土画沙成不日，鸡园鹫岭孰齐肩。
功留万古贻讥笑，移榻孤吟抵暮天。

望京楼洪武间新建，嘉靖甲寅重修者也

何年杰构揭璇题，目极瑶京路欲迷。
有美人从湘浦远，无涯恨与楚云齐。
五层缥缈浮埃上，八角纵横银汉西。
只为登兹聊暇日，相思千里倚危梯。

次千秋使阴浦令诗

身似浮云迹似萍，独怜关树望中青。
风沙漠漠吹还扑，车马遥遥去复停。
故国归心看夜月，天涯旅食戴晨星。
盍簪每惜梁河别，千里共携影伴形。

久滞辽阳始离怀远馆宿首山馆

旅馆经旬独面墙，飘然几羡鸟翱翔。
休言关路日沉夕，行见晴空月散光。

处处青帘沽酒客，家家珠箔画眉娘。
中州物色浑堪赏，且复停车傍绿杨。

次首山岭使相诗五言

旷漠乾坤大，胡山一望边。
客行已万里，西路又三千。
榆柳掩亭障，村闾间野田。
支颐归计远，回首隔河烟。

沙河铺

过尽沙河驿，河流入海通。
客心随水远，长路与天穷。
烟树千村合，炎风万里同。
何时返故国，湖上睡孤蓬。

长店铺

白发西来早，愁添双鬓多。
受风颜易改，饮暍口长呿。
有肆皆茶酒，逢人尽绮罗。
行行且偃息，荫屋树连柯。

鞍山途中次使相诗七言

望极穹庐只见天，笋舆伊轧路平平。
龙泉匣里光生绣，衰骨愁边雪满颠。
中夏山川形势异，故乡亭障短长连。
晨昏戒辖何时已，王事劳劳叹独贤。

海州卫五言

千年开泰运，生齿日林林。
寿域忻同化，衢樽乐共斟。
一天知所止，四业不相侵。
吾有莺迁计，谁分季子金。

牛家庄二首七言

路入西州地势深，家家烟柳自成阴。
冲炎每苦三餐去，作客兼悲二合音。
骨肉已分孤影吊，诗囊长伴四愁侵。
间关到处无多事，却数栖鸦夕满林。

人间踏地路还通，吴季行装一橐中。
千里算程长客梦，百年吟病又秋风。
远游随处知天大，浮世何人较我雄。
燕市旧闻多义士，悲歌今访鼓乃翁。

三叉河

白头山出三大水，一东流为豆蒲江，一西流为鸭绿江，一北流为黑龙江，江之一派又分为三义，曰太子河，曰朱子河，曰辽河，高句丽时限此河为堰域。

三叉河出黑龙东，南走辽墟与海通。
岸上烽墩遥接塞，渡头舟楫政浮空。
土垣迢递驱民役，林亩横纵遍野农。
一片龟头行路叹，翰林文学总兵功。

高平即事

雨后间山际九霄，野障临水更岩峣。

旌头敛彩旌旗卷，烽火无惊士马骄。
盛世早知忘战伐，健儿休道学弓刀。
太平物色华夷共，一舞从来格有苗。

发高平五言

长垣亘百里，野尽出阴山。
大黑分胡窟，巫闾壮帝关。
威令振海远，征战有人还。
谁识沙场苦，闲眠古城间。
昨夜乡园梦，秋溪鱼政肥。
身随燕路去，心与楚云飞。
不耐蕴隆苦，谁将葵扇挥。
红尘吹扑面，污滴湿征衣。

广宁馆七言

广宁雄镇浩无垠，粉堞周遭衬碧云。
地接幽燕多侠士，风驱龙虎靖妖氛。
将军按剑疮痍起，御史张威带甲殷。
月夕笳声动边思，不堪征客耳先闻。

过间阳宿十三山

行过间阳又石山，十三苍翠耸螺鬟。
客中危鬓霜还早，塞上新秋叶已殷。
水浮远天横野外，城连暮霭入云间。
蓬莱可托无因到，泪洒西风袖欲斑。

大陵河

野尽有山山外河，大陵河水夕波多。
兼程每夙星言驾，驻景谁挥日返戈。
白草满空迷远岫，奇花夹路扑秋蛾。
双双何处幽并客，杨柳时闻出塞歌。

杏山松山五言

元帅签兵急，孤城设栅守。
乘闲跨射猎，逐兽竞呴号。
走马沙尘起，鸣弓意气高。
从知胡不收，应似井鱼跳。

红罗山

落日红罗外，遥瞻翠黛长。
当时草莽客，曾是大元皇。
不念真人出，徒知玺宝藏。
却从榆塞去，君长旧膻乡。

宁远卫口占

宁远城中宿，新秋客枕凉。
东边看海月，西塞即吾乡。
不寐清宵立，思归碧汉长。
所亲惟是仆，说抱更离床。

宿东关

客里偏惊节序流，天涯此夕又逢秋。
妙年已负终军请，东关谁令国史仇。

去矣偶为充贺燕，使乎宁复望翢彪。
从今安分归耕是，万事人间剑刻舟。

半世青云计不谐，命途其奈与时乖。
三千里外路无极，一百年间生有涯。
霜鬓客中惟长物，新秋塞外但悲怀。
浮沉南北成何事，悔却从前虬避蛙。

次贞女祠

祠即孟姜庙也，秦皇筑长城，其夫范即征役，十年不归，姜自陇右为见其夫而来，夫已死，遂不食，七日而死，有石出于海，后人称望夫石。

七日呼天玉貌枯，至今遗恨暗平芜。
丹青古壁留娇艳，风雨空祠走兔狐。
劲节凌霜榆塞感，贞心化石海中孤。
难招魂魄归秦垅，耿耿城头为望夫。

万里长城

已悲蔓草委王风，岂独咸阳楚炬烘。
侵镐周宣非不圣，筑城秦帝信多功。
壮心俯视千人上，赫业宜称万古雄。
盛代即今辽海晏，朝天一路达吾东。

望海楼次黄天使诗在山海关十里外

长城隐隐走蓬瀛，一气微茫接汉京。
万里防胡开壮钥，几年分戍咏疲兵。
秦皇岛古灵芝老，贞女祠存烈日明。
榆塞远来还望远，欲将鲸浪洗尘缨。

题万柳庄在永平府，前贵州布政李克浊所营者

万柳溪头起夏凉，连宵翠葆荫村庄。
林园余趣人追慕，节孝芳声水共长。
遗像画堂留旧迹，夕阳残雨锁高岗。
来坐只恨王程促，云物应嗔客去忙。

新秋深巷动微凉，远客来登万柳庄。
树叶重重连岸碧，溪流滚滚绕村长。
几年簪组趋鹓路，今日楼台寄短岗。
鸥鹭亦知行役苦，暮天飞去笑吾忙。

孤竹城在大滦河上有夷齐庙

孤竹城头碧树秋，湾河今古去悠悠。
清风凛凛留千祀，大义昭昭起末流。
遗像俨临瞻拜肃，高台迥出壒埃浮。
晚生恨未亲承炙，此日升堂倍永惆。

次蓟柳

来往通衢马首齐，蓟门烟柳看高低。
凉飙拂地摇疏线，翠色浮空暗远堤。
密叶好音歌鸟隐，半桥斜影夕阳西。
行行已尽幽并路，白草连天塞日凄。

渔阳桥在蓟州东①

精卒何缘戍北荒，锦纹还侈俗儿裲。

① 原文为“在蓟□东州”，崔德中的《燕行录》记载：“有渔阳桥，桥在蓟州之东南数里许。”

宠专妃子昧阿子，兵动渔阳自寿阳。
蜀栈空教回玉垒，梨园谁复舞霓裳。
旧桥犹带当时号，不尽河流恨亦长。

次良苦吟五首①

作客休言苦，逢秋气亦强。
仍悲楚水梦，尚戴蓟门霜。
月独窥茶灶，人无扫笔床。
何当归去日，鱼鸟与徜徉。

通州戴店病卧次千秋使令诗七言三首

客中分手倍离思，既见方知宿雾披。
行李多情诗作伴，天涯长物酒扶衰。
鸭江几羡君行疾，辽馆曾愁我马迟。
先后即今还会面，人间聚散本无期。

吴樯楚柁满江滨，碧户朱栏树叶衰。
秋色无心雨里赏，鬓霜频向镜中窥。
清羸已觉身多病，迟拙空惭口占诗。
同作远游归未得，洛桥联袂定何时。

天气西来大火流，殊方寓目笔难休。
蒲团病里圆孤梦，蟋蟀床头唤四愁。
身世却悲云外雁，物华还侈客边眸。
吾乡乐土何时返？松竹依依绕断丘。

---

① 五首：应为“五言”。

又次使相诗五言

城压胡关起，秦中百二如。
他乡旅况足，到处圣恩疏。
古匣弹横铗，行厨食有鱼。
秋风苏客病，何必忆吾庐。

玉河馆先送千秋使五言二首

万里同槎路，燕城送九秋。
西风惊客梦，游子扰乡愁。
我病勤相问，君归恨独留。
辽山雪未下，不久继行辀。

西来今几日，冲暑又迎霜。
故国人将返，他乡菊政芳。
一年秋已老，万里路何长。
病客悲濡滞，思归梦亦忙。

玉河馆书赠刘尚德

旅馆经秋病，天涯死与邻。
霜风动树叶，边月满城闉。
孤抱将谁托，同庚独可亲。
东西今惜别，应作梦中人。

通州道中七言

木落偏伤游子意，天涯归路几时来。
辽山蓟树炎程苦，燕月关霜旅雁哀。

吟病自怜孤梦懒，逢人谁与好怀开。
行行便可穷桑海，不必思乡强上台。

十月八日宿三河

夕阳征马度桥心，回首蓬莱我思愔。
身出凤门遥万里，眼穿辽塞隔千林。
秋光不尽飘黄叶，野色横分带暮岑。
迢递故园何日到，雁归犹是杳乡音。

神仙岭

飞仙白日上青天，去影飘然蹑紫烟。
碧藕冰桃玄圃食，清都玉府桂坛眠。
鸾骖偶向荒原过，道骨翻成下界缠。
寥落法宫残雪里，乌龙仿佛羡门边。

玉田道中

归山逸兴旅边多，数亩秋田敛几何。
霜菊篱前香不散，孤松庭畔手曾摩。
幽情每结栖云树，宦道终期避网罗。
携妓谢公知有乐，江州休学放娇娥。

次南薰亭

云梯百丈压层城，风雪茫茫暗塞程。
一半河山输骋目，千年胜败几推枰。
营传飞将留名壮，境接平湾遡圣清。
长啸却悲今古事，夕阳遥指雁孤征。

题杏山驿

连营骠骑阵云长，满目沙场草色黄。
客路一年从玉塞，笋舆几日抵桑乡。
胡山尘暗轮蹄没，暮堞风鸣乌鸟飏。
浮世远游悲影只，月明孤店倚绳床。

少陵河

霜月满天明绝垌，行人无梦坐深更。
通宵孤戍来鸣铎，隔屋寒鸡催晓程。
仍念尘埃飘浪迹，却悲书剑做何名。
暮年惯作行行役，风雪辽河度百城。

至日怀远馆有怀

至日阳回客亦回，望乡羁思倍悠哉。
天心无改知来大，岁律初新欲飞灰。
谁道闭关商旅绝，可嗟终晷竹舆催。
行行处处多艰苦，南国何时赏腊梅。

送高晴沙①朝天五言

昔作幽燕客，关门一道通。
辛勤戒行李，迢递触炎风。
复送郎官去，那堪别意匆。
千秋拜舞毕，珍重早归东。

---

① 高晴沙：高用厚（1577—?），号晴沙，朝鲜中期文臣，于1630年以冬至正使出使明朝。

龙湾馆次送林点马捒还朝七言

通家共托弟兄义，父子间交即郑生。
会合随萍知有数，去留临水可堪情。
殊方物色添新恨，古塞山河算去程。
何处相思劳梦想，辽阳路尽又燕京。

怀远馆送尹定卿

洛桥当日共蹁跹，萍水他乡亦夙缘。
长路却愁炎雨苦，逢场可耐别怀牵。
辽山漠漠迷烟树，征旆遥遥作后先。
离合由来知有数，一杯相属莫留连。

怀远馆书怀

一剑行装记昔年，荒凉孤馆倍城边。
堪怜潦倒重来客，自叹驰驱溽暑天。
修聘只应容信宿，膏车谁复慰淹延。
三庚土室马肝肺，回首燕山路杳然。

过甘泉铺有感因成五言律呈书状官①

再见甘泉铺，今来十许年。
山川旧回目，行李又炎天。
扑扑风沙暗，遥遥亭障连。
独贤吾与子，辛苦果无前。

① 此诗应为1617年金存敬以圣节正使出使明朝时所作，时任书状官为辛义立（1565—1631）。

抵高平寄金甥

羁愁日夜忆南乡，行到高平程更长。
小弟想营新卜筑，幽篁应护旧溪堂。
驰驱已负故山约，迢递难堪归思忙。
君病尚能秋后健，倘从湾上慰风霜。

盘山道中

离家三月已逢秋，物色偏令远客愁。
路入幽并迤古塞，山横西北接神州。
云沉戍幕妖氛静，士卧醮楼鼓鼙休。
四海即今歌帝德，桑麻乐业更何求?

次押马官诗

鲽域悲歌五十年，今来水陆路逾千。
长垣亘野成周道，壮略对胡熄狼烟。
自是登山因小鲁，方知坐井隘观天。
乘槎到处诗囊富，红杏何时倚日边。

广宁李守时家

杨柳阴中一迳斜，偶然来访郭西家。
盘登茶酒情如海，忘却檐前夕照多。

次书状官望海楼诗

长城断处是雄关，紫渤连天眼欲寒。
地籁声酣掀万鼓，霞标影动接三山。
浮槎暂著空明外，身世还忘浩渺间。
直待岳阳真侣到，浪吟终日倚雕栏。

壮边辽海设重关，剩见贤王胆已寒。
谁建樵楼临碧瀚，却闻长啸振胡山。
飞甍影浸鲸鲵窟，惊浪声高栅锁间。
远客登兹聊永夕，不觉西日下朱栏。

山海关忆故乡书怀

昨夜归魂梦里催，荷花不待主人开。
有时风动庭前过，依旧香从月下来。
白发天涯形伴影，开城秋雨酒宽怀。
妻儿想计还家日，欲寄书封雁未回。

深河途中偶吟示书状官

关塞驰驱老更悲，近来尤切忆妻儿。
乍燃乍灭心中火，惟镊惟新鬓上丝。
远迩雨余秋树合，霏微郭外夕烟迟。
行行且莫穷途哭，男子襟期一剑知。

丰润郭家次千秋使留壁上韵

他乡只愿早还家，却怕归程梦里赊。
我自东来节已换，定知不久见黄花。
秋蝉呼树雨初歇，行子停骖日欲斜。
到处田间生事足，主人篱外种桑麻。

玉河馆书怀呈雪樵竹屋芦田三词伯二首

头上峥嵘岁月驰，镜中勋业惜衰迟。
无金可聘苏卿说，求友惭非鲍叔知。
世莫我容胡不去，愁因穷至只堪悲。

秋风每作江南梦，越鸟何时返旧枝。

暮年王事任驱驰，千里音书一雁迟。
家在梦中身未返，凉生枕上客先知。
黄金台高何时筑，易水歌传竟古悲。
燕市羁游多感慨，禁林空望万年枝。

题洗心台与金延兴悌男金晚休亿镒□清川思孟共赋
步上层栏洗万念，满楼明月邀人时。
醉从棋局败犹喜，别看春色兴不衰。

太虚雨洗尘埃心，万古闲情安分吟。
淡泊真机孔系审，昭然卦象玉衡森。
山低彩槛水连砌，风满襟裾月照琴。
柳暗花明养德性，几人到此一源寻。

和咏马耳山①
插二层峰远出云，自从开辟擅奇云。
横驰蓟北留燕骨，特立天东忆汉文。
玉女争妍菱黛迥，金芙竞秀两茎分。
他时若使鞭将汝，三角峰前扈圣君。

遂甫家次子述壁上韵二首
向来方觉世情难，老去心期指岁寒。

① 马耳山：位于韩国全罗北道镇安郡的山，又名涌出峰、西多山。因朝鲜太宗南幸之时言其似马耳而得名马耳山。

行乐时时须惠好，从前悔却遂微宦。

日之夕矣我将去，酒尽樽中清兴阑。
聚散一场元有数，主人休恨独凭栏。

谢金遂甫见访

寂寞山中佩酒来，殷勤相与好怀开。
僧庐随处生涯足，莫作归心更进杯。

归田园吟寄金叔度清阴

家在江南梅竹村，归来梅竹掩柴门。
田园寄傲无余事，更喜床头酒满樽。

故人如玉住西村，学隐城中不出门。
别未涉辰惊岁暮，何时重与洗芳樽。

暮年风雪暗孤村，一床琴书昼掩门。
回首从南云杳杳，思人不见酌金樽。

忆长山人

长山迢递未飞腾，只恨从前月老绳。
不意一场成远别，应知夜夜梦魂登。

留别李景仰

追我鸣川上，天涯相送情。
殷勤何以谢，立马五言成。

次水心亭海州尹东老亭

水色人心共岁寒，幽居兴味自千般。
满江明月清宵里，独倚松棂送远澜。

次使相韵题七琴衣

不道琵琶女，追随此地过。
一杯歌一曲，窗外雪飘花。

酒岩泛舟次杨学官韵

偶携同伴泛舟来，拟向岩边酌一杯。
酒脉已枯岩独在，徘徊谁复好怀开。

九月山①四王峰次白足诗轴

落照分明万丈虹，海天寥廓一望空。
身游上界风尘迥，目极关河雨雪濛。
松柏荫边寻古寺，玉龙潜处俯幽宫。
苍苔小磴行行尽，余赏应知入梦中。

题琴娘七琴

昔日繁华行乐余，春风一梦梨花雨。
天涯流落伴桐丝，貌是古人调又古。

题铁山宰伽倻琴

有女弹伽倻，我且歌白雪。
一弹复一歌，万壑松声咽。

---

① 九月山：位于朝鲜半岛黄海南道殷栗郡和安岳郡交界的山。

以接伴官赴西路登百祥楼①

城上朱楼压水头，登临溽暑却疑秋。
停云更有歌声咽，聊慰西州远客愁。

题成均馆与正使朱之蕃②馆伴李好闵③、远接使柳根④共和

圣庙更新杏桧繁，跄跄多士集桥门。
八条遗泽遵箕范，六艺根原溯鲁论。
道业尊人期慥慥，灵缺成性在存存。
相期顾学先时习，扶植之常壮输藩。

孔庭乔木夏阴繁，联讲青衿看拥门。
天上凤毛殊物色，人间玉振继遗论。
清诗见落堂悠久，健笔承题鬼护存。
浮海当年闻圣语，不瑕吾道在东藩。

重辟贤关弦诵繁，提撕曾是荷师门。
夹持上达谁先获，曲畅旁通要细论。
苟欲身修心必正，从知目击道斯存。
承题华扁观瞻耸，留与千秋责外藩。

---

① 百祥楼：朝鲜半岛平安南道安州郡名胜，被称为“关西八景”之一。

② 朱之蕃（1575—1624）：明代大臣、书画家，于明万历三十三年（1605）奉命出使朝鲜，其间与朝鲜文士唱和诗文。

③ 李好闵（1553—1634）：朝鲜中期文臣，在万历朝鲜战争时前往辽阳向明朝请兵。担任过接待明朝使臣的馆伴，并于1599年以冬至副使出使明朝。

④ 柳根（1549—1627）：朝鲜中期文臣，于1593、1601年分别以谢恩副使、冬至正使出使明朝。亦担任过接待明朝使臣的远接使。

汉江记游与朱天使共和

汉江风物东方最，海国群贤谳席张。
稳从中洲舟是屋，剧浮太白醉为乡。
一天月彩兼灯彩，四面山光接水光。
更漏迢迢归酩酊，犹疑枕藉白沧浪。

和善鸣留别诗

春城夜雨惊残梦，悄悄浑忘酒力疲。
说尽明朝分手恨，南禽犹复恋南枝。

洗心台赠金主簿亿镒

三月洗心台上倚，风多力弱不堪时。
少年歌妓面如玉，娇笑向余嘲彼衰。

和李司成一吾逐一

隙地无车马，柴门近夕阳。
墙头谁过白，梦里访烦黄。
政咏春堂草，长思夜雨床。
酸咸旅游味，已熟一年尝。

挽金主簿亿镒

远方来自始相亲，蓬岳山精挺善人。
直舌风高气不短，琴书月满春何贫。
雪霜志概朝端宝，冰玉贞姿席上珍。
往岁挽衣说平昔，吾居幸迩不孤邻。

卷之二　论策疏书

一　论策奏疏

论

龟山应蔡京荐论己亥别试[①]，入格三中

论曰：一于义而不苟者，君子之进退也。是故古昔圣贤莫不欲行道济世，而亦莫不慎其进退者，以其所重者在此，而其义不可辱焉。况其进既非其时，而其荐又非其人，则君子岂可以枉其道而屈其身乎？愚于杨龟山之应蔡京荐深有所惑焉。夫龟山学圣人之道而传圣人之道者也，既学其道而又传其道，则进退一事，君子之大节，而不可苟焉者也，何其反圣人自处之道耶？昔者夫子适卫弥子瑕[②]谓子路曰："孔子主我卫，卿可得。"子路以告，夫子曰："有命辞而不就，当是之

① 别试：朝鲜实施的科举以外的官吏录用考试。

② 弥子瑕：名牟，字子瑕，卫之嬖大夫。

时。”吾夫子行道济世之志，曷尝须臾而忘哉？然至于进退之际，断然行之以义而不敢苟焉。良以仕进之初，一失其因，则虽有直寻之利而无足观矣。龟山生值不淑之时，以言其君，则宣和之帝也；以言其相，则蔡京之奸也。天地否塞，阴邪鼓气。已死之忠贤魂惊端礼之石，在野之君子屏息党禁之严，虽以陈后山之智，亦不就于章惇①之荐。噫以龟山之明哲而肯屑就于京之荐哉？夫小人之擅弄人国家也，畏人之议已，而欲掩其过者，此小人至巧至邪之情也。当是时，龟山倡明道学，德望日尊，四方之士不远千里而从之游。张觷②之请于京，召之者岂不以吾之所行不能掩天下之耳目，则欲以召一君子以赌用贤之名而谢一己之罪哉？故京听其言而逐荐。呜呼！其荐之也非所以荐时之贤也，乃所以掩己之过也。小人之计，何若是之谲哉。大抵君子小人如凿枘之难合，君子以君子进，小人以小人进。阴盛则阳微，小往则大来，未有君子小人能并用于一时者也。然则龟山之应其荐而赴其召，谓君子荐欤？君子召欤？谓小人荐欤？小人召欤？君子之荐也，则其应也。可小人之荐也，则其应也。何义哉？将欲行其道耶？将欲济斯世耶？行道既非其时，济世又非其时，则龟山之应之也，不瑕有害于圣人进退之义耶？龟山之学，既如是之，深造龟山之见又如是之。高明则当时许以升堂睹奥而一时之行已，未免后日之起疑。古人所谓“苟非圣人，不能无过者”，此欤据其事而原其意，则当时小人用事蠹国害民，夷狄日盛，宗社几危。以龟山自任之义，庶几一出而或可有为也。是以虽知小人之荐已，而应之不辞曰：“何伤乎？贵于吾道之行矣。”虽知小人之召已，而赴之不辞曰：“何伤乎？贵于吾志之展矣。”以之而应荐，以之而赴召，殊不知仕进之初一失其因，则其行道也，苟焉展志也。苟焉！呜呼！此龟山之所以不免有查滓也。若使两程当之，则

① 章惇：字子厚，号大涤翁，北宋中期政治家、改革家、书法家。

② 张觷：字柔直，怀安人，北宋政和年进士。曾任处州知州，又因荡平贼寇，加官秘阁修撰。

必度其义之所在，而必无如此之行矣。难者曰："龟山传伊洛之统者也，充养深远，烛理甚明。"是时岂不知蔡京之为小人而应其荐哉。直以天下之贤人君子打尽于京之一网，其祸之惨，尚忍言哉？是故应其荐而无违，姑且从之而徐图其后，使吾道得行，善类登进，乃其本心，故其始也。应之不辞，其终也。劾京之用事，遂罢安石之配享，此孔子欲往于弗扰弗昐之遗义也。余应之曰："子言则然矣，子不闻孟子之说乎？观远臣以其所主。"又曰："枉己者未有能直人者也。所主既非其人，则不可以为政。欲以直人而先枉己，则不可以行道。使龟山知蔡京之为小人，则其始也，不可以应其荐。不知蔡京之为小人，则其终也，不可以劾其奸。欲劾其奸而应其荐于初，则不几于为机变之巧耶？此尤非君子之事也。"龟山尝有言曰："古之人，宁道之不行，而不轻其去就。是以孔孟虽在春秋战国之时，而进必以正，以至终不得行而死也。使不恤其去就，而可以行道，孔孟当先为之矣。"余三复此言而因叹曰："惜乎！龟山有是言而不能有是行也！"谨论。

策

殿试用人策 己亥秋，殿试三下入格

臣对：臣闻上山下水而易著蒙养之义，取人为善而传有以身之训。为人君者苟能养之以德而取之以身，则于用人乎何有？恭惟正伦立极盛德洪烈，主上殿下值大遇百六之否运，抚中兴四七之昌期，诚深侧席，志勤旁招，乃于不遑之际特进臣等于庭，策之以用人之道。臣一布衣也，断脰缺腹效莫敖①之忧国，忘君遗世耻颜烛之反扑，一言而死臣之志也。谨伏卑官之侧，仰答拜昌之诚，伏愿殿下勿以人而废言。

---

① 莫敖：楚国最高官职。据《左传》记载，楚国最早的莫敖为屈瑕，后被奉为以身殉职、以死谢罪的先例。

臣伏读圣策曰："自古为国止非一道，臣奉读再三，不胜陨越于下。呜呼！天生斯民，无主乃乱，故必命之以君，君有斯民不能独治，故必任之以人，人才之于国家固不大哉？是故建有极御四海不能自辟而求助于在下，怀其宝，立一世，不敢独善而求用于在上，相济而庶积凝，相须而万几理。世治而不可不敷求者，人也。世乱而不可不博访者，亦人也。虽然天下未尝无人而贵于养之，有素贤材未尝不用，而贵于取之，以身养之。有素则有济，济之美而不借于异代取之，以身则有好，好之实而自足于供用矣。噫！世不乏才，或叹无人者，岂天之降才尔殊耶？特以自上用之之失其道耳，伏愿圣明留神焉。"

臣伏读圣策曰："唐虞之际，止何者为得欤？臣奉读再三，不胜陨越于下。臣伏见唐虞之际，百姓昭明，万邦协和，而俗有于变之化，九德咸事，百工允厘，而朝有元凯之用，则得人之美于斯为盛，而敷奏为治之说，明考善言之功，则其惇德允元之实卓乎，其无以议为降而后也。世远吁咈，才乏皋夔，取人之路不一，吁！俊之方多门，纷纭科目多小选举，代各异制。两汉取以贤良方正孝廉茂才，魏晋用中正九品，唐宗试身言书判则词赋也、对策也、明经也，皆是取人之规，而其所以得人之实，则唐之明经似乎近矣，不问贤愚，只循资格，则崔亮创是而继之者非裴光庭乎？徒事浮华，不务经术，则唐家故事至昭宗而弊甚矣。至于宋朝选士之程尤为不一，或行或罢或取或舍之多岐，则不须较得失于其间，而五者之中论得复古者，乡举德行庶近于周家宾兴之义矣。呜呼！国家用人所以保厘宣化都命亮。宋后世取士专尚词章，则上无以身之取，下乏素养之德。其用也，徒区区于科目耳，何足为今日道哉？独惜乎宋之人才，庶乎三代之盛而不遇其用。吁！其时也。伏愿圣明稽唐虞之美而为今日之法，鉴后世之失而为今日之戒焉。"

臣伏读圣策曰："吾东方止其道，何由？臣奉读再三，不胜陨越于下。惟我东方邈在鲽域，取士良法，悉遵华制，三年大比，人才郁为世用，而犹虑材遗匠石之园，马逸伯乐之厩。又有别试、庭试之规，其恢选举之路可谓尽矣。而讲经之际不专治一者，寔仿于开宝天圣三经科欤，不特此也。衡岳山人不由科第而身加绯紫，晋鄙处士一闻巍行而官致谏议，此祖宗之遗法，顷年之所行也。此实出于崇德尚贤之意而旋废不行者，岂不恶盗名欺世之辈，藉以为冒进之经，虽然不可以一时之弊废先王之盛宪，则只在乎审其德之有无而无虚授之患可也。臣伏见殿下自即阼以来，念艰难之寡命，恢持守之洪规，崇儒志切，望道诚深，野无抱璞之吉士，朝有投水之嘉言。盐梅和羹股肱元首，诚无让于古昔矣。不幸国运中否，岛夷匪茹，二百年礼乐文物尽污于腥秽中矣！言之痛哭，特赖殿下事大之诚，皇上恤小之惠，七年大贼，今已退北，而时事艰虞，国势阽危，无异于侵镐之日，以殿下不克负荷之意，遗大投艰于殿下之身者，为如何哉？舜衣于宵梦，卜弼谐之良文，食于旰，拊髀协策之将，其勤于得人，若是之汲汲，则宜乎。稷契同心为放勋之耳目，萧曹屈策作汉室之股肱而奈之何？交修启沃，内乏柱石之可倚，决胜运筹，外无干城之可恃，以言其仕路也，则公道不开而阘茸幸位，以言其守令，则割剥为事而抚字乖方。呜呼！殿下之求贤无让于隆占，而今日之乏人反甚于汉唐，抑未知乡举里选之制废，而取人之路未广欤？抑由殿下望霖雨之助者，诚有所求未至欤？世已末矣，人才与之俱下，无识务之俊杰欤？呜呼！以今日之人才观今日之时势，则可谓痛哭矣，可谓长太息矣。臣虽疏远，念系君父，目见时艰，心切悼闷，每欲陈闻，口噤心悸，殿下既以问臣，危衷倍激，瞽说难禁。呜呼！旁求俊彦固非一道，而或有有名而无其实，或有略施而不究其用，则虽谓之不得其方可也，虽谓之得其方而有所未尽可也。为今之务，莫若素养人才以倍其得，而自上先修其身以取于缓急，则人才郁兴而野无遗贤，王多吉士而匡复之功不难致矣，伏愿殿下留意焉。”

臣伏读圣策曰：“子诸生止予将亲览臣东西南北人也，性命苟全于乱离，身世每叹于蓬荜，空怀经才之珠，未达九重之天。何幸今日见录于有司，得造乎大庭耶？崔入寔言实非臣职，草野狂言既陈于前矣，篇终复以教化一事申诰于终曰：'教化明于上，则人才作于下，而有庶尹济济之美，有百僚师师之休矣。'伏愿殿下留神焉。"谨封。

疏

自辩疏丁巳以圣节使还乡时

臣自北京还，到深河驿，值冬至使行次，问上候平安外，因闻司仆寺提调将养马金得时所诉，以臣为有私于松都人洪德男，故为除下得时，其代以德男带行，至于启辞清推，臣自闻此言，心胆俱坠，直欲攒地以入，不欲生还故国也。臣虽无似滥厕大夫之后，既为受诬于一厮，则宁可畏首畏尾，不为暴白于天日之下甘心，若实有是犯者然哉，臣罪万死。

先前五月日，臣前赴京师至义州，则押马官玄礼祥与养理马等先到已二十余日矣。臣才入馆里，府尹臣李克信①来见，即言于臣曰："行次养理马等到州作弊，罔有纪极，汲水婢子以饮马水未即进排，打破头胪，或有殒命，如此辈何不痛惩除下乎？"臣已闻此辈到良荣打伤人物之极，以为骇，及闻克信所言，尤不胜痛恶，即捉致养理马等。盘问作弊者，则齐言养马金得时性本狞恶，到处作弊，打伤人物非一非二，押马官如或禁断，则恶言詈辞无所不至，渠辈亦虑其同归罪网，欲诉于臣者久矣云。臣欲重杖囚禁义州狱，闻渠患暑痢颇苦，趑趄之际，行中事知驿官等来言于臣曰："此辈以赴京为利，若除下则足敌其罪云。"臣以为治人不须已甚，与书状官辛义立②相议，只以病论启除

① 李克信（1569—?）：字士立，朝鲜中期文臣，曾任元孙讲学官、蔚山府使等官职。

② 辛义立（1565—1631）：字子方，号竹屋，朝鲜中期文臣，曾任金海府使、大邱府使等官职。

下矣。至于洪德男事，押马官玄礼祥来言于臣，渠之奴以病落后于平山，原以洪德男称名者带行。臣问德男于汝何如哉，礼祥答曰："乃是前日婢夫云。"使臣虽勤至，可否进退，于押马官之所带，日亦不足矣，兹以唯唯金得时代，则以义州官奴茂会，押马官奴则依其愿，以德男并悬颐于状启中，随窠代定，显有其名。其时事状总之如斯而已。府尹李克信之所目睹，行中四十余人之所共知，明若观火，不可容一毫私意也。夫受赠行贿之事必有所恃无忌惮者所为，孤踪莫如，臣有何所恃？敢行无忌惮之事，自纳于不测之罪哉。

臣筮仕二十年，自分厄穷，素不学如此活手端，虽迫令为之，不可得矣。岂料毁言出于求全，么么一隶，怨其除下，假彼实此，阴逞吹沙，构诬呈诉至尘，睿鉴乎？况赴京之行，养理马有罪者除下，以义州官奴代定厨子非今斯令，乃二百年通行旧规，某与某也，历历可数，岂是臣独于今日擅行私计者哉？当初臣之作行至带去军官打角①，皆以名公巨卿之请，一不得自由，国人皆知也。而竟以意外养马事横被丑名，此无他实由，臣赋命奇衅动，招谗谤自悼而已，不须较辨。但被诬至贱，终不卞恐非其情。故渡江之初，意于自覈，臣之计戚矣。臣窃观世情，贱隶谮口必为见售，而士夫之言多见不容，臣之一言固知无益于自明，又知操戈者随之必陷于万丈深坑。臣知有君父，不计其他，即今缄口无一言。分疏自入于暗昧，则后日将不胜其蹒跞，必置之死地而后已。自反而缩臣乌得无言，大概其时状启，想存取而一见，虚实立下，其可诬乎？

伏乞圣慈悯臣孤立，怜臣冈郁，下命攸司捉囚金得时及洪德男，凭阅行次押马官养理马等，严问得时沿道作弊除下事情及礼祥带去德男之由。臣言不是，则愿就司寇，甘受罔上之诛。如臣言果是，则得时诬毁之状极天痛恶，穷刑得情以正，诬诉之风似不可已也。臣奉命无

① 打角：打角夫的略称，指使行团中监管随行物品之人。

状来此横逆，身负重累，为世所鄙，不容清时，臣亦自分，当此大庆，罪名在身，臣亦人也，何颜奉敕入国门乎？兢惶蹙蹜，跋前踬后，敢冒万死，粗陈梗概，不胜席藁待罪之至。

辞五卫将疏

臣以衰朽残喘病废乡家几五六年，而顷者军衔恩命，出于千万梦寐之外。专为谢恩，扶病趋朝，跋涉之余，饮冷无节，前患咳嗽，痰喘复作，食不下咽，睡未交睫，羸惫已极。黾勉替直，已越三朔，自数日前，又得暑霍乱，治之失方，转至危苦，症势沉绵，无望生全。宿卫重地，决难供职，臣矣所带职名，并以本差，以便公私。

再疏

臣以远外孤踪，军衔恩命，实出望外，岂不愿尽瘁供职以效犬马之诚乎？第身病去而益重，救死不暇，极为闷迫为白良旀，臣矣所带职名及兼带五卫将并以速为镌改，俾得专心调病。

伸救金主簿亿镒疏

伏以殿下躬受荫骘之休，永妥二百年宗社以垂万世之休，何其壮哉？夫谏臣者，圣主之耳目。补阙者，亦直臣之口舌也。昔周公摄政，保周室，龙逄比干直谏而死，朱云攀槛不加诛谴，汲黯之言，莫不察纳。唐有李善感之讽，宋有孔道辅之疏，自古臣之逢圣主，然后敢效直舌。圣主遇直臣，然后能明其德。今金亿镒身带司直，猥荷圣眷罔极之恩至于此极，么么小臣敢抗殿下一定之议，徒执寸管之窥，不畏天威，疏辞极烈者，扶国家因本之谟，不敢忤上旨，乱国家不是不忠，亦可谓刚直。乡谷微臣以不经事挟憾于柳自新[①]，敢以疏再长呼以扰殿

① 柳自新（1541—1612）：字止彦，朝鲜中期文臣，朝鲜第十五代王光海君的岳父。

庭，罪当加诛，殿下宽仁，除降军资，监主簿论定窜配，实是九死之乡、大赦之泽也。方今殿下册封之举却将趑趄，三年立本，旨定册封，金亿镒非但殿下之罪人，实为东宫之罪人，岂不矜惜哉？忠臣必求于孝子之门，亿镒性本孝矣，殿下惜其孝，勒碑荐用，渠虽无状，岂欲不忠哉？愚昧所见，定春秋之语法，罪当若是，殿下不宥则归于无穷之域，特加谅察，以立公良之节焉。

批：亿镒排大议辱重臣，然岂特死罪乎？以待处分事。

再疏

伏以殿下受统一国，振御八路，朝野莫不遵教，先朝谏臣金亿镒性素狂悖，无畏尊威，能抗天旨，大声长呼，先大王特垂宽弘之德，不论死罪，定窜三年特许放归田里而死，既有先朝之定律，则亿镒有罪而无罪矣。今殿下奋怒狂慢之习，命毁纯孝碑①，传教礼曹，削去三纲录，禁锢子孙，亿镒万古无用之罪人，身为罪鬼子孙亦为罪人，则是不效于先大王已决之典。亿镒虽是狂慢，亦不无忠谟。壬辰之祸，欲放倡义之气，移书于高敬命②，而送其弟九镒、其子克温，路逢凶贼之刺死。亿镒不胜忠愤，仍与道内同志倡义鳌山③，虽著斩获之，功未树大勋，饮恨而死，况兼之乎殿下加之罪禁锢子孙，子孙乃无罪而有罪。昔齐桓公置怨而用管仲，管仲齐之忠臣也，霸业业复典，古鉴岂远哉？亿镒设为切悖，深于扶国之谟，获于定社之策，其子孙亦不狂悖。伏乞殿下哀而察之，复其孝，宥赦子孙，毋拘于罪案，则明为万世之英主，另加参谅焉。

批：亿镒庭辱之责挞师傅，岂是直臣乎？不直则不孝，其罪难赦，

---

① 纯孝碑：因金亿镒的忠孝，立有颂德碑，世称“纯孝碑”。

② 高敬命（1533—1592）：字而顺，号霁峰、苔轩，朝鲜中期文臣。于1581年出使明朝，壬辰倭乱期间战死，谥号忠烈。

③ 鳌山：韩国庆尚北道清道郡的旧称。

日后更有领救之疏，则罢官极律耳。

三疏

伏以禁锢金克良、克恭、克俭、克让、克承、克钦乃先朝故直臣亿镒之子也。

先大王册封世子之议也，极疏光海君，性加严酷，事无大小，欲决而未决，不慧甚矣。亿镒举其概竣悖，盖先大王越趄大议者三年。自新构陷，亿镒口不忍挂论，故亿镒排门突入，大声长呼，自古直臣之例也。不加严谴，降除职次定配之后，三司交章，极救特蒙放释，归卧田间，从容就死矣。戊申之八月，毁撤亿镒生表纯孝碑，削出三纲行录，其子六人禁锢，是无罪而犯大罪，岂不怜惜哉？亿镒之明鉴使后世直臣者耸肩之地也，若使刚正置之而不宥，则以杜日后之言路。当时疏启之事，绫安府院君亦为参的。伏愿殿下特垂宽惠雪冤，故直臣使其子孙免此禁锢，以开忠良谏诤者。伏惟上疏。

批：金亿镒忠直，曾所知之，其子禁锢一并放释事。

书

柳眉岩建祠事上道伯书

伏以道尊一世而功大，斯文则必有崇奉之事以为景慕之地，此无他，古人所谓没世不忘之义也。生等俱以庸陋，志则嘐嘐。尝慕眉岩柳先生希春，学问精博，操履刻苦。早从事于新斋崔先生[①]门下，慨然有求道之志。及其登第，出入经幄，竭诚辅导，不幸罹祸于乙巳[②]。塞北二十年，犹不变素履。至于还朝之日，尤惓惓于倡明道，学尧舜君

---

① 新斋崔先生：崔山斗（1483—1536），字景仰，号新斋，朝鲜前朝文臣、学者。

② 乙巳：指发生在1545年，由朝鲜王室外戚等引发的“乙巳士祸”。

民，推明义利之分，开发经史之妙。患俗儒穿凿经史之旨，则正其音读，辨其口诀。忧史家相争之是非，则作纲目管窍、历代要录，以至于续蒙求川海，录儒先、录献芹、录两圣。辨从祀议等书，无非稽经订史，包罗剔缺，一为便览初学，一为扶植世教。其真积力久，终身勤苦之功，虽谓之东韩紫阳①亦无足愧者。须在二十年间，南中士论颇有为先生立祠表章功德，而议未及行。兵乱乘之，遂使慕贤之诚蔑蔑以至于今日，此岂士林之独不幸也？其在圣朝，崇儒重道，亦一欠典也。伏惟阁下按节湖南②，首以学校为己任，劝课奖掖，弦诵洋洋，海隅僻乡皆知执经而问难，实乱后之东鲁也。幸甚生等既被菁莪之化，已知读古人书矣，又有怀贤慕德之心，自激于衰季观感之余，愿为先生共谋尊奉。阁下亦私淑中人也，必为之乐，问而容许矣。呜呼！先生已没矣！其玉色金声不可作于今日，而绪言余论愈久而愈泯，则后生慨然兴感者为如何哉？昔司马光卒，人争画形。朱文公没，建院玉山。何则德之入人者，深而功之传后者大也。今之为先生立祠，实是古人之余事，而庶使英灵陟降于斯，仿佛羹墙爱慕如在，则其于矜式，亦岂无少补哉？然而事成贵于因人，古亦有云："不借力于王公大人，则无以成其志。"生等徒有其志焉耳，至于给财力而使之成其志者，其不在阁下之致念乎？噫！乱后有一战之功者，尚皆立祠而赐号，香火不绝。以先生道与功，而去世三十余年，犹未见祠宇之成，宁不可耻之甚哉？兹者倘赖阁下之赐，克完妥灵之所，则此后悠久之传皆曰："知先生之道与功者，惟阁下也。寿先生之道与功者，亦阁下也。"令名美谈播诸人口而不灭，斯亦盛世之一幸也。伏乞阁下更加垂察焉，其所仰晓者，不一其事而顾难陈白，具在别录。惟在阁下酌其可否而进退之耳，生等干渎严威不胜屏营之至。

---

① 东韩紫阳：此处指赞誉柳希春为"朝鲜的朱子"。

② 湖南：韩国全罗南道和全罗北道的旧称。

二　祝文祭文

祝文

康津县文庙重修移安告由文

昔在丁酉，兵火孔棘。殿宇灰烬，神位焉托？鸠材召匠，载经载始。工既讫功，庙貌乃成。斯道不丧，人文再造。涓吉移安，敢伸虔告。

祭文

祭金主簿忆谥文二首

惟公之烈，茂异其质。雅操本性，至孝奉亲。冬月玄鸟，天乃感诚。苫庐柬哀，仰不见日。宗师大人，学力洞豁。参讲履素，礼貌俱盛。长枕大被，不让姜翁。七子聪艺，岂羡荀郎。清修行谊，月朝登评。时际盛代，择举方正。九城山下，遁迹诛茅。县之门南，勒碑表旌。出入禁门，可以其忠。春秋大义，素多木强。抱疏伏谏，天威震怒。掌乐弦歌，不怨军资。我疏既陈，悖慢末免。三载汉絮，感颂优渥。洗心台上，醉骂异僧。藻鉴挺世，□□□□。时丁乱倭，拟倡义旅。移书高公，子赴弟往。芦岭剑风，肝胆坠裂。不胜忠愤，倡起义烈。因与诸公，讨贼□□。天将主和，痛哭归乡。颓卧桑原，空吟打乖。抚养六兰，教导诸生。李郎金郎，并登龙门。嘉乃训功，后学若此。恨结伯男，两眸不瞑。晚休堂上，琴局尤存。呜呼痛哉！惟公之迹。

又

呜呼痛哉！魂可知乎？魂不可知乎？管鲍断金之谊者，公与我知心。元伯他生之约者，公与我参契。而公处于斯世，输忠尽孝似无余憾，而义旅首倡，潜书未传于高公，而贤弟令胤贼刃之刺死者，糜骨之痛也。义气愤郁，图计方略之时，遇凶僧之□，右肘摧折者，洗心台上骂异僧之鉴也。先倡义旅，虽多斩获，终未树大勋者，岂非泉台之恨欤？以抗直之舌见疏于先朝，掌乐司直之位降，除军资府，殊恩亦重。然六子十六年禁锢之祸，幽堂之中，必为结恨。余则残命犹保，感慨于公之死生间，遗恨说冤，独疏于我圣上殿下，伯男赠秩荣名，六枝芳兰并有扶录，庶可慰泉台之魂欤。亦为未尽公之厚谊者，年已暮矣，不但难便于朝市之出入，朝家不平更无入启，岂可谓断金之谊哉？

卷之三　使行日记

一　北京往程

日记上万历丁巳①六月圣节使赴京

六月十三日壬戌，晴。臣眼同都事□上搜检一行卜驮。未时，越江，□江狄江，过镇江城，宿磨儿谷崔姓人家，此去江上二十里。

十四日癸亥，乍雨乍晴。中火于柳田韦姓人家。汤站，凤凰山，宿乾河张姓人家，此去磨儿谷九十里。凤凰山在高句丽时，有莒州城。盖苏文据险全军处也。峰峦竞秀，严壑奇胜，辽左第一名山。国朝兵部郎萧汝芳坐言事，罢官愤世隐居，终身不出云。

十五日甲子，阴。过刘家屯白颜洞，渡白颜川。川流甚快，逾小大双岭，过镇东堡，从长岭中火于瓮北河高姓人家，此乃八渡之第一也。过斗岭，济二渡三渡两河，路逢大雨，龙凤台夏姓人家，此距乾

① 万历丁巳：应为“万历己酉”，年份为误记，考释见前文第二章。下同。

河七十里。白颜洞者，或云元将白颜所生之地，或云白颜洞败于此，因得其名云。

十六日乙丑，晴。以昨日大雨中，方物柜外裹似有沾湿，待日出，干净乃发。过半折台、四渡五渡六渡河。中火于镇夷堡下川边，又过七渡八渡河，从畓洞逾分水岭，宿岭下骟马场王姓人家，此距龙凤台六十里。分水岭者，居东八站正中，岭以左之水合流为八渡，入瓮北河，达于鸭绿江。岭以右之水同流为三渡河，西入于海，故名曰“分水”。

十七日丙寅，晴。逾小高岭，抵连山关。此地前有关禁，而壬辰以后停废，只存里闾。过将军□朝弥勒堂甓洞，逾大高岭，中火于岭下吕姓人家。过韩家坟，坟乃国朝韩尚书墓也，墓下立祠，祠西林麓建十层塔。到甜水站，逾青石岭，岭势盘回阻绝，有蜀道之难。岭下逢镇江游击吴宗道还自辽东，使译官郑仁男问于从人，则答曰：“老爷会被巡按参罢，第有所事，往还辽东矣。”又问曰：“已递则何故复归镇江乎?”答待新游击到任交代以去云。夕宿于狼子山王姓人家，此距骟马场九十里。自中江达辽左，一路禾黍盈畴，雨泽且埴农，有乐世之兴。

十八日丁卯，晴。渡三流河，过头馆站、柳河子，逾小石门，抵王祥墓。墓乃天顺间王都督所葬也，有御制诰命，树碑颂之，墓前石门题曰“杏山仙垄”。逾大石门，中火于冷井庄陈姓人家。仍过高丽村、石子河，未时，到辽东怀远馆，馆在城外东南，此距狼子山六十五里。千秋使赵存世[①]一行，去十四日到馆，方被都司索，未易登道。

十九日戊辰，晴。留怀远馆，镇抚杜良臣来馆里，使上通事[②]赵安

① 赵存世（1562—?）：字善继，号听湖，朝鲜中期文臣，曾任工曹参判等职。

② 上通事：译官的一种，另有次上通事、小通事。

义[①]先讲开咨例，良臣曰："此行兼带谢恩，其实二起也，一起各出银十二两，合二十四两，准许事可完矣。"臣等度行李，了无充给之路，使赵安义开说曰："近缘两起诏使，国家多事，虽兼谢恩，盘缠则只赍一起之需，所以顺付者此也，宁有各出二起之理？"多费辞说，日终不决。杜良臣在丙午年，责圣母上尊号□黄诏敕出时，余承差接伴，良臣知余来，送下程鱼酒五六品，受之即以若干物回谢。

二十日己巳，晴。镇抚等来言曰："今日大小人坐堂，当行见官礼。"早食后，臣等入衙门，大人出坐小堂行印矣，延伫久之，俄而，镇抚来报，天暑免礼云，即归馆里。都司三人中二人左懋勋递□去，三大人胡从化、海州卫参将佟鹤年升拜辽东副总兵，故代任海州衙卫云。老五月十九日，老酋中军张海连兵西鞑子，抢掠于黄宁窝，□次异土等地镇将失律，唐军三十七名战死云。都司送下程银一两，总兵又送银五两，求换杂物，皆留之。近日，辽东境内极旱。

二十一日庚午，晴。留怀远馆。佟总兵为侦探设伏，今日领军往黄宁窝。千秋使一行洽为离发，往见华表柱，柱在北仓，里设庙堂，立金字位牌，题曰"丁仙之位"。庙前有石柱丈余，是为华表柱。柱下竖碑，题其额曰"华表仙迹"。因刻一诗于下曰："有鸟有鸟丁令卫，千载去家今始归。城郭依旧人民非，何不学仙冢累累。"[②] 且叙令卫始终，记其尾。庙门外有井，谚传令卫以北仓官，愤世投井而死，遂不得其尸。其后千年，化鹤而来，作此诗以喙啄于柱，成字以去云。出北门，见白塔寺，此乃唐太宗征东时所建，而使蔚迟敬德监督者也。千层粉堵，突屼云霄，塔腰题曰"流光碧漠塔"。后有三佛殿、五佛殿、藏经阁，极其壮丽奇巧。顷者，塔砖多有倾颓。高太监监税山东

---

① 赵安义（1569—?）：籍贯为韩国庆尚北道庆州，于1603年考取"式年试"二等。

② 据《搜神后记》记载，此处"丁令卫"应为"丁令威"，其为学道之人，在化鹤之时有诗云："有鸟有鸟丁令威，去家千年今始归，城郭如故人民非，何不学仙冢累累。"

时，以万金增修云。因下西门，外见西会寺，外门揭额敕赐“西会禅林”，亦极华侈。西有一殿，去乙巳年所建，而丹雘清新，画佛如神，都城士女坌集祈福。入自西门，登望京楼，此乃洪武间所建，而嘉靖甲寅岁重修者也。五层岩山四面八角，故又名曰“八角楼”，真所谓隔离天日，绝浮埃者也。但特地杰构，风雨攸集，几乎倾圮矣。试为登览，则故地山川中州一隅尽输于一望中，俯临城内，百万华屋栉比鳞次。中有布政司、巡按、都司、总兵等衙门，二百年来生齿繁息，此其一边镇，而雄富若此，中朝建置，可谓壮矣。历览毕，日暮还馆。今日乃王母忌辰，自昨日行素，远客殊方不能躬执祀事，悲感而已。

二十二日辛未，晴。留怀远馆。

二十三日壬申，午后骤雨。留怀远馆。镇抚杜良臣搜索多般，至所不至，极为痛心。

二十四日癸酉，晴。留怀远馆。杜良臣受开咨例，称其壑，欲又别生奸计，托于都司提出三起只之说，更为刁蹬。使译官赵安义委曲开说，犹未快定。都司又送票帖曰：“二三大人虽不在，吾既兼察其任，送礼各各备呈云。”又使赵安义强辨曰：“千秋之行不为开例，独于圣节之，如是征索，似为无据，决不可从云。”犹为相持未决。

二十五日甲戌，晴。留怀远馆。镇抚等来责二起及二三大人送礼两项事。临暮，始以一起为定，二三大人送礼亦为搪止。夕，牵马军一人偷食西果于唐人菜圃，见捉。与团练使黄允中相诘一行下人，救解之际，转至交构，译官李幼淹、奇暹逢石块致伤，义州官奴紫云被杖尤甚，极为骇愕。

二十六日乙亥，晴。留怀远馆。一大人前送礼，各种物及当初送来下程银一两，总兵前求换杂物及原银五两，并付译官赵安义，使之呈纳于两衙门大人，乘昏出坐便室，亲受点，退以画席，粗恶加求二张云，三大人为陪。万寿表自海州卫，昨夕入来，别无求请之事矣。节日渐近，行色匆迫，前进之计，日急一日，而镇抚等以臣等之行，为奇货色目侵征，心期囊橐尽倾，乃成给票文。故臣等到馆翌日即为催发，车辆而如在拘幽，不能任意，至留九日，而后始乃停。当此弊去而益甚终。至于贡路难，便将此弊端若一呈文于礼部或巡按衙门，则镇抚辈庶至畏戢，而译官等每以生事，上国为惧，甘受剥肤，而未敢发，使幺魔之类，跳梁用事至于此极，极为寒心。辽东参将韩承功多受老贼金帛，潜通辛地之路，遂令贼窥觇虚实，纵其出入，事觉，自巡按衙门拿致承功，施棍八十度，方系狱中，军律与贼交通斩不待时，而承功行贿各衙门，特保首领云。

二十七日丙子，阴。使译官赵安义持昨日加求请画席二张进纳于一大人，向晚率催车，舍人来，令译官全应，时偕往八里站，督发车辆。午后，方至乘。夕，发行，过三里庄八里站，宿首山铺杨姓人家，铺距怀远馆十里矣。

二十八日丁丑，晴。逾首山岭，过沙河铺、沙河长店铺，宿鞍山站侯姓人家。此距辽东五十里。首山岭者，唐太宗东征时驻跸处，亦名曰"驻跸山"。辽阳以西，五十里一烟墩，十里一铺，铺有守将，远近村落，各设烟台，候望鞑贼之至，防守之策尽矣。

二十九日戊寅，晴。过八里河、甘泉河，抵甘泉铺，渡土河，过土河铺，宿海州卫城外刘姓人家。此距鞍山五十里。本卫新参将尚未赴任矣，有我国人孙金李三姓人来见，自言癸甲年间，随天将到此，因住着未还云。臣等问独无怀土之情乎？答曰："父母亲戚尽死于贼，更无余存，且念我国兵乱之后，赋徭甚苦，不但资生之难，还归乡土，属籍兵伍，则身役又难，支恐不如此地之终老矣。"辞极悲哀。

三十日己卯，晴。由后所摇铺、石井铺、徐家铺、干沟铺，宿牛家庄刘姓人家。此距海洲卫四十里。路上逢通事秦礼男、李彦华自广宁还，闻鞑贼来剿松山、塔山等地，总兵送兵遮截云。行路有梗，极可虑也。

七月初一日庚辰，晴。昨缘进贡鞑子还自北京，宿海州卫，适相值车辆，未易打发坐车，译官等日暮乃至，不得已留宿。庄乃备御所也，一名“东昌铺”，又曰“黑林子”。

初二日辛巳，晴。过新铺桥、娘娘庙，中火于三叉河。白头山出三大水，一东流为豆满江，一南流为鸭绿江，一西流为黑龙江。江之一派又分为三叉，曰“太子河”，曰“朱子河”，曰“辽河”。到娘娘庙前，合为一水，南入于海。高句丽时，限此河为疆域，河之东，尽为东土矣。因过三官庙、西宁堡、高墩堡，宿沙岭余姓人家，此亦备御所也。此距牛家庄六十里。进贡韃子百余名自北京还，又相值于此。是夜，雨。

初三日壬午，午前阴霏，午后晴。由高橘铺、富家庄堡，堡在外烟台外，其地极腴，富民等募居作农，遂筑城，以为避寇之所，因置守将以备不虞云。过平洋桥、清气亭铺，宿高平黄姓人家，此乃游击所也。此距沙岭六十里。夜半，雷电，因下大雨。

初四日癸未，晴。过腰站、老桥庄，宿盘山驿①邓姓人家。此去高平四十里。昨夜大雨中，虑有沾湿方物，取其外裹最湿者，开视则一柜水，湿最久白棉细□四五匹，几至腐朽，不是昨夜雨湿而然也，极为怪骇，因为忆得则似是龙凤台大雨时所湿者，而押物通事朴景龙及上通事赵安义置之寻常，不为趁即开见，以至于此，痛愤莫甚，将以补布充贡为计。龙凤台骤雨之日，虑有此弊，使赵安义开见沾湿之柜，而以无事来对，不为开见，尤可痛也。

初五日甲申，晴。由朝沟铺、制胜铺、东岳庙，宿广宁城中接官厅。此距盘山五十里。城中雄富华侈，比辽东犹胜。新总兵王威，时未到任，前屯卫副总兵李芳春代任。都御史李炳，时在衙门矣。

初六日乙酉，晴。留广宁，巡按御史熊廷弼今日巡向山海关。

初七日丙戌，晴。留广宁。

---

① 盘山驿：原文误记为“山盘驿”，根据古代驿站名与后文内容，应为盘山驿。

初八日丁亥，晴。风乱，留广宁。

初九日戊子，阴。今日将发行，进贡㺚子五十余名又相值，车辆不足，未及打发，不得已留。往见慈恩寺、上帝庙，寺与庙俱在城中，寺乃高太监重修者，奇巧壮丽，无与为伦，寺中缁徒数十余人，出见进茶，比流皆是，诵经念佛，自称高僧者也。上帝庙乃祀玄帝处，而亦立塑像崇奉矣。

初十日己丑，阴。臣等念前头日期甚迫，而若值意外霖雨，则恐有靡及之患，尽倾盘缠，雇得骡子数十余头，载持方物为兼程驰进之计。朝发广宁，过医巫闾山，山乃古幽州镇山，横亘广宁西北，山外即㺚子地方。由十里铺，渡十里河，从大沙铺、芦沟铺、壮领铺，中火于闾阳驿周姓人家。此距广宁五十里。过新铺、榆林铺、阿土铺，宿十三山站夏姓人家。此距闾阳四十里。十三山云者，一山分为十三，万丈苍壁特立旷野中，故名又曰“石山”。

十一日庚寅，阴。过新城，渡大陵河，抵大陵河所，所有备御主管兵马。从紫荆山铺，中火于小陵河站王姓人家。此去十三山六十里。锦州卫在站北十里许，卫有游击过松山所，所有游击。夕宿杏山驿徐姓人家，守驿官乃备御也。此距小陵河三十六里。自锦州卫至杏山，乃贼路要冲，窃发无时，防戍极紧。昨于十三山见军兵连络路上，今到此驿，又见军马调点向东，使译官问之，则云此军本是广宁所属，今分戍塔山、杏山两处，东㺚子近有声息高平、盘山等地，将为设伏待变，故塔山军三百名杏山军五百名，点出还戍于广宁矣。

十二日辛卯，晴。过高桥堡、红罗山，山在堡西北二十许。昔元顺帝北走时，避匿于此云。又过塔山所，所有游击，中火于连山站朱姓人家。此距杏山五十里。又过双树铺，夕宿于宁远卫吴姓人家。此距连山三十八里。卫有掌印、参将、兵备道、通判等官，熊巡按巡到于此，方为练兵云矣。

十三日壬辰，晴。过曹庄、小沙河、沙河所，所有游击，中火于所十里外关王庙前。此距宁远卫四十里。又过曲尺铺，夕宿于东关站吴姓人家，此距中火处二十五里。

十四日癸巳，晴。渡六洲河，过中后所，所有游击，中火于沙河驿牟姓人家，驿有把总。此距东关三十六里。过叶家坟，坟乃叶都督所葬处，近虏境二十余里，贼之剿掠无时，行路常患之。由狗儿铺，渡狗儿河，夕宿于前屯卫谢姓人家。此距沙河驿三十里。卫有副总兵，本职李芳春方代任于广宁，原任副总赵姓人者代任云矣。自广宁以西，数月不雨，川泽俱渴，而曹庄以西，旱气为尤甚，黍稷苗而不秀，有同负霜黄，黄落者。今日酷暑迩来无比，路人如入烘炉中。

十五日甲午，晴。早发行二十里，朝饭于高岭镇，过中前所，所有游击。从镇远铺、八里铺、望夫祠，抵山海关，日已午矣。此距高岭五十里。辽东伴送者落后，今日晚牌势难过关。夕，伴送追及，宿于关外罗城内高姓人家。贞女祠乃孟姜庙也，秦始皇筑长城，其夫范郎征役十年，久而不归，姜自陇右为见其夫来，夫已死，遂不食七日而死。有石出于海，后人称望夫石，仍立庙于关外十里许岩石上，以观音寺附其后。顷者，兵部山海关主事张时显重修庙貌，为撰贞女祠，立碑颂之。

十六日乙未，阴靡。朝，主事邵可立坐堂，臣等率一行入关，主事接见，各行两拜作揖，主事答拜。臣等少西东向立，主事主壁立馈茶。因招上通事赵安义问近来倭情如何，臣等使赵安义答曰："别无大端，声息矣。"曰："顷闻贼报，似有不靖，果然，则上国当调发兵马以救之矣。"因对曰："小邦缓急，专仰天朝，倘有边警则不待老爷之问而已，为陈情矣云云。"即辞出，宿西门外金姓人家。关乃万里长城，而内有重城，有参将、掌印、指挥、通判、兵部主事等官。主事主管关禁，有早晚牌出入人物，关门题曰"天下第一关"。市肆之富，带甲之胜，稍下于辽广矣。薄暮，主事送下程①。

十七日丙申，晴。去夜雨，留山海关。朝，以行中若干物，书谢帖付译官赵安义回礼于主事，主事只受纸墨，余皆还送矣。往见望海楼，楼在关十里外长城尽处，溟海之头，楼下有一阁板题曰“海天一碧”，又其下有一阁，阁后竖石刻曰“天开海岳”，阁上板题曰“天空海阔”，右有秦皇岛，在渺茫中如一点秋叶，始皇求神仙不死药于是。岛左有望夫石，石如王女拱手而立，乃孟姜精魂化为石者也。瀛海长天一碧无涯，登楼眺望，宛若挟天风扶担而上，壮观奇迹，夫孰有加于此哉！

十八日丁酉，晴。渡石河，过石门。石门在路北十里许，产石炭，山下居人掘取贩卖，关内之人，釜炊多用石炭。从红花店，中火于范家店乔姓人家。此距山海衙三十里。渡阳河，过凤凰店，宿深河驿朱姓人家。此距范家店三十里。自山海卫至深河，南际大洋，西北有山，其名曰“角山”，山海卫境也。

十九日戊戌，晴。过榆关，关有前后河，十里堤柳掩映成村，中火于抚宁县城外王姓人家。此距深河四十里。县有知县、主簿等官。渡杨河，逾芦峰店，此店上下多枣林，过背阴铺、双望铺，铺乃永平府卢龙县东界也。从十八里铺、八里铺，历射虎石，石乃汉将军李广击匈奴夜归时，以为虎踞路傍而射之，矢著半余，明日视之，乃石也，只今箭没处宛然犹存。傍有石槽，亦广饮马处也，古迹不泯，路人指点矣。过万柳庄，宿永平府城外王姓人家。此距抚宁县七十里。府有知府、同知、通判、知县、推官、户部郎中、兵备道等官，府乃北直隶三辅雄藩也，物力之富，城池之壮，尤于山海卫。万柳庄乃前贵州布政李克油之所营，而无后，今为养女已物矣。十里河堤，万柳成荫，

① 下程：使臣宿留使馆期间提供的食物等，有按照定例供给的“例下程”和特别提供的“别下程”。

翠葆连空，干霄蔽日，其上朱栏碧户，迥出风埃。外门题曰“水色天光门”，东有石池种莲，其上有榭，题曰“鸥鹭忘机”，又其内有堂，题曰“节光圣里”，盖以布政之子少监公死其妻，过哀数月，而从死故云。又其内建观澜台，俯瞰数十里平湖，又其内有祠宇，乃布政公祖及子立像配享处也。此庄在府五里外。

二十日己亥，晴。渡小滦河、大滦河，抵孤竹古城，谒夷齐庙。此距永平二十里。过范家庄、野鸡屯，屯乃永平府迁安县界也，由每河铺、沙窝铺，渡沙河，宿沙河驿刘姓人家。此距孤竹城四十里。孤竹古城在大滦河上，今过三千余年，颓圮已尽，只因旧基暂为修筑，城门题曰“孤竹城”，其下又题曰“贤人旧里”。庙前外墙题曰“清风百代”，其前竖大石刻曰“到今称圣第一门”，题曰“敕赐清节”。祠门内右小门题曰“天地纲常”，左小门题曰“古今师范”，第二门题曰“伯夷叔齐”，其上题曰“上古逸民”，门内以孔子、曾子称道夷齐之言，立三大石刻之。第三门题曰“百岁之师”，第四门题曰“明朝封祠”，有左右门，左题曰“立懦”，右题曰“廉顽”。其内始建庙，立二子塑像，俨然衣冠，仰之若生。伯夷曰“昭义清惠公”，叔齐曰“崇让仁惠公”。内檐下揭板曰“清圣祠”，外檐下题曰“圣之清”，又曰“千古清风”，又曰“到称圣庙”，内右柱书曰“崇逊让乾坤清圣”，左柱书曰“谏征伐商周逸民”，外右柱书曰“叩马一言扶世道”，左柱书曰“采薇千古系人心”。庙前左右有长庑，乃修祀时，斋室也。庙后有门，前题曰“仁贤肇迹”，后题曰“平滦上境”。其内左右有门，左曰“盥荐”，又曰“齐明”，其上有揖逊堂，檐内题曰“亲炙”。左右有房，堂后有圣旨立碑，其上筑台数仞，建溯清楼，俯临滦水上游，百世之下，清风飒飒，宛如当日，瞻拜庙宇，又登兹楼，精神悚然若惊矣。楼上楣间揭板曰“清风高节”，其他碑镌门题颂称之祠不可胜记。孤竹君庙在城北河洲上，洲西有砥柱亭，城南有首阳山。

二十一日庚子，晴。近日，老炎极酷，一行上下无不患病，军官朴应昱、译官郑仁男以病落后。过旧七家岭、新店儿、王家店，此乃滦洲东界也。渡蟒龙桥，中火于榛子店杨姓人家。此距沙河驿五十里。过狼窝铺、铁城坎，此乃丰润县东界也。由板桥，宿丰润县城外郭姓人家。此距榛子店五十里。路上见骏骑络绎，出来问之，则云河南府等处良马三千匹抄入于山海卫，以备战用，送太仆寺官查点交付云云。

二十二日辛丑，晴。渡还乡河、沙河。过高丽铺、林城铺，中火于沙流铺仇姓人家，此乃玉田县东界也。此距丰润四十里。从梁家店，宿玉田县城外廉姓人家。此距沙流河四十里。

二十三日壬寅，晴。过彩亭桥、枯木铺、乐山铺，中火于别山铺胡姓人家，乃蓟州东界也。此距玉田五十里。过云前寺，渡渔阳桥。夕宿蓟州城外朱姓人家。此距别山三十里。州乃顺天府，直隶初面而有知州、同知、通判、户部中、兵备道、守备等官。往见独乐寺，于城西门内，寺有丈六佛，极雄壮。

二十四日癸卯，晴。过二十里铺，中火于邦均店包姓人家。此距蓟州三十里。从白闰铺、公乐店，逾段家岭，渡草河，宿三河县楼姓人家。此距邦均店中十里。自三河至帝城，千里旷野，极目无涯，但见千村万落，树色依依耳，昨与今日，老炎甚酷。

二十五日甲辰，晴。过白浮屠铺、夏店，中火于缘桥铺姚姓人家，乃通州东界也。此距三河五十里。过柳河屯，渡潞河，宿通州城外戴姓人家。此距缘桥二十里。千秋使一行已到此留八日矣。潞河在州城外，天下漕运所会处，物华之富拟于帝城，且行宫仪仗、六部台省皆设于舟中。河边上下数十里间，万舢龙骧，牙樯插天，疏凿通沟，达于玉河，以为临难万全之计。窃念皇家二百年来，升平乐业，莫此时若也。而日新待变，常若对垒之时。各船之卒，以船为家计，阔直加平地上居生，鸡鸣狗吠相闻而达于水上，帝王经纬有如是哉。但关内一路府卫州县则与关外辽广无异，至于各铺各店，茶酒之利，墙屋之美，似不如关外，且关外未尝见女人亲操井臼，关内则不但井臼散出原野，与男丁并力收获者甚多。臣怪而问之于居民，答曰："□计三四年间，关内饥荒重，被高太监之虐害，不保妻子，散之四方。自上年，税法已祛，年且稍稔，民才苏复，而凶歉余疹，犹未已也。未复平昔之华盛云矣。"

二十六日乙巳，晴。留通州。

二十七日丙午，阴。留通州。午后，暂雨还止。

二十八日丁未，晴。留通州。

二十九日戊申，晴。千秋使一行发向皇都。

八月初一日己酉，阴靡。发通州，度万里桥，过东岳庙，入自朝阳门，到玉河馆，日已夕矣。此距通州四十里。东岳庙在朝阳门外，穷极壮丽，庙后有皇上斋室，斋室后有七星谯室，金碧灿烂，此则为皇上及圣母皇后祝寿处也。庙前左右长廊列百种□司，以为百愿祈祷之所，见而可怪可骇，四岳独立东岳庙者，以皇都在泰山镇内，故特为之立庙享祀矣。中朝风俗好向神鬼，此则致崇极于镇岳固其所也，但因此而流入于佛家，□□报施之事不近，慢神弗钦欤？不但此也，越江以后，自东八站①至辽广、山海关及关内一路达于帝城，大而府卫，小而铺店，如关王庙、上帝庙、真武庙、娘娘庙、武安王等庙，随其所尚，建立尊崇，而关王庙居多，民家一未见立祠祭祖先，而庙堂之设，人皆竞趋，如恐或后，习尚之。移风易俗一至此哉。

---

① 东八站：一般指明清时期朝鲜使臣出使中国时由边境至辽阳之间的八个重要驿站，朝鲜使臣金德中的《燕行录》中描述东八站为"辽东的狼子山、甜水站、连山关、通远堡、松站、凤城、汤站、九连等八站"。因东亚时局的变动和地理名称的差异，东八站并非固定的驿站。

二　滞留北京

日记中 万历丁巳六月圣节使赴京

初二日庚戌，晴。朝，礼部主事洪世俊坐馆，招上通事赵安义给告施一张曰："开市三日后如有未尽贸易者，则加三日开市，以示优典尔等，切勿乘夜潜商云云。"问于序班呈报单之事，则云大凡报单之呈，三五八二个日则例禁不受。初四日，祭文宣王。初三日，致斋。初五初六则万寿演礼，俱为有事，势不得已。初七日得纳矣。

初三日辛亥，晴。

初四日壬子，晴。问序班："明日万寿演礼，俺等虽未呈报单，犹可晋参乎?"序班曰："议于鸿胪寺，则外国使臣势适拘碍，虽未呈保单，演礼则不可不参云矣。"

初五日癸丑，晴。鸡初鸣，臣等率一行往参。初度演礼于朝天宫，宫在西城内景德街上，白塔寺傍。黎明，千官咸集，叙于三清殿庭，缁徒道士等亦随参。斑定乐，作四拜。有一官员，高声读贺表于御榻前。良久，读讫，又四拜。山呼舞蹈，又行四拜。礼毕，罢出。序班责上过事赵安义曰："贺节陪臣参莫大盛礼，而无胸褙品带，极为非礼，明日再度，需各备以来云。"臣等答："以君父方丧，尚未除身，不忍加华盛之物矣。"序班曰："所言私也，万寿圣节，四方称庆，陪臣不可以私而违天朝盛礼也。"归时，过西长安门外，见有炼石数十余，攻之极精。或有四隅方正者，广可八九尺厚，可四五尺。或有最长者，长可十六七尺，旁可六七尺。问之，则云："皇极殿时未毕盛，乃营缮所用柱础石、长梯石也。输运之际，皆不级民，而官给其价大者银万两，中者五千两，次者三千两。一石之输，应入骡子千头，千骡一日之转才一里，浮石处去皇都四十余里云。”臣等因念皇极殿重修，今几十五年，以中朝物力之盛，而尚未告讫者，其工役之费皆自公，而不于民，故积以岁月，而未克落成。其爱民力可谓至矣。

初六日甲寅，晴。鸡初鸣，率一行往朝天宫参，再度演礼。是夜，大雷电，下骤雨。

初七日乙卯，雷电大雨，午后晴。朝，使译官朴景龙呈报单于鸿胪寺，又使上通事赵安义呈咨文①于礼部。薄晚，提督洪世俊坐馆，招两行通事分给米、豉、盐、菜、猪肉等物，此乃光禄寺供给之物，而提督例以二日坐馆支给矣。

初八日丙辰，晴。鸡初鸣，臣梦寅②率一行诣阙，行见朝礼。臣自到馆。翌日，右腿上卒发湿痛，因为蹇，涉再度演仪。力疾随行，而今日则病势益苦，坐卧须人，兹未进参。诏使刘用入来云。

初九月③丁巳，晴。使通使赵安义、朴景龙等，领进方物于礼部，主客司郎外金应凤坐堂验纳。

初十日戊午，阴靡。早晌，臣梦寅率一行诣礼部。右侍郎吴道男、员外金应凤、主事洪世俊、仪制司郎中冯娗坐堂，皆施礼后，以免宴事呈文，则金员外牢拒不许曰：“曾据千秋一行呈文，不准事，老爷已为吩咐，尔等不闻耶？何如是烦请也？”臣梦寅使译官赵安义答曰：“寡先王薨，方丧未除，素服在身，情不敢受宴。且在前陪臣之来，俱为许免，而独于俺等遂阻情愿，不能无惑。”员外勃然大怒曰：“上国则凡在君父之丧，过二十七日则就吉尔。前王之丧期年已过，新国王又受册命，不但事不如前，尔等专为万寿进贺来朝，则皇家庆赏之宴，

① 咨文：此处指古代朝鲜向中国递交的外交文书，其用纸由朝鲜造纸署专门制作。

② 梦寅：柳梦寅，详见前文。

③ 初九月：应为“初九日”，此处为误记。

尤不可不参。”夺其呈于侍郎，不得已还为出来矣。

十一日己未，晴。坐车，译官全应时、朴应哲等追到。

十二日庚申，晴。提督洪世俊坐馆，一行上下皆施礼，以行中若干物送礼单，辞而不受，因以免宴，更为呈文事恳请。则答曰：“任意为之，但闻堂议已完决，不可许矣。”

十三日辛酉，晴。

十四日壬戌，晴。以免宴事，两行使臣俱诣礼部呈文，则金员外极怒，即挥却以出俾不得接言，且以火房通于侍郎，侍郎云：“外国陪臣如是浇极为未稳，当参送云。”不得已还为出来矣。

十五日癸亥，晴。

十六日甲子，晴。

十七日乙丑，晴。鸡初鸣，臣梦寅率一行诣阙，参贺班于午门外，行五拜三叩头礼。此与前日朝天宫演礼异者，缘皇上不为亲临，只行权停礼故也。先是万寿之日例行权停礼，故朝绅多不进参。阁老叶向高以为莫大成仪不可草率，敕令百僚齐赴，令番贺节班列极盛云。臣病势尤重，不得进参。

十八日丙寅，晴。两行使臣以硝磺许贸事，呈文于礼部。

十九日丁卯，晴。

二十日戊辰。暂两使译官赵安义呈事完通状于通政司。

二十一日己巳，晴。礼部票文内来，二十三日行下马宴，令两行使臣以下进参云。

二十二日庚午，晴。提督洪世俊坐馆。再送礼单，又辞不受。

二十三日辛未，晴。臣梦寅率一行往参宴礼于会同馆[①]，臣病不进。

二十四日壬申，晴。

---

① 会同馆：元明清时期接待藩属使臣的机构。

二十五日癸酉，晴。鸡初鸣，臣梦寅率一行诣阙谢恩。夜，大雷电，骤雨注下。

二十六日甲戌，晴。谢恩使李光庭①、尹昉、书状官黄洛到馆。

二十七日乙亥，晴。提督洪世俊坐馆，译官赵安义等请速开市以遄归程。

二十八日丙子，晴。

二十九日丁丑，晴。

三十日戊寅，晴。钦赐粮米、羊口②、鸡、鹅、盐、菜等物来，臣梦寅拜而受之，臣病卧未能。提督坐馆开市。

九月初一日己卯，晴。

初二日庚辰，晴。

初三日辛巳，晴。

初四日壬午，晴。

初五日癸未，晴。

初六日甲申，晴。

初七日乙酉，晴。硝磺、弓面许贸事，兵部严防不准答通。礼部曰："鲜虽我属国，越在东方，若该国有急，请援于天朝，则遣将出师，犹不失为字小之义。奈何国之利器轻以示人？当时谁请给硝三千斤者罪可诛也。该国君臣，素称恭顺，安知无奸人阑出而转鬻之者也？闻建州卫人，渐习火功，中国防范方严，即历年议准者，犹当禁革，岂得询其额外之请哉？"合咨礼部，咨回前项，烦硝药毋许擅买。俟贺冬至使到，再行议处，辞极狼藉，窃闻此答，不但为硝磺一事，朝倾轧之习，此时亦极。前兵部尚书萧大亨时议许冬至使硝磺之贸，而萧

---

① 李光庭（1552—1629）：字德辉，号海皋，朝鲜中期文臣，历任礼曹、吏曹判书。

② 羊口：指羊肉，如《朝鲜王朝实录》太宗十四年十二月四日记载："永均等各献羊口、马匹、白银、彩段。"

公方下不容于时，罢免归田，其云罪可诛也者，盖因其事而斥其人，欲为构捏之计云云矣。

初八日丙戌，晴。

初九日丁亥，晴。

初十日戊子，晴。

十一日己丑，晴。

十二日庚寅，晴。

十三日辛卯，晴。

十四日壬辰，晴。

十五日癸巳，晴。礼部票文内以明日行上马宴，令两行使臣以下进参。

十六日甲午，雨。臣梦寅率一行参宴礼于会同馆，臣病不进。旧例圣节千秋使两行每同日领赏，而今番则礼部各日题本。千秋则前月二十六日上本已下，故今日兼为受赏。而圣节则初一日上本，今几十五日，至今不下领赏。迟延发还无期，极为怪闷。今译官赵安义将闷迫之意陈达于礼部，则答曰："当待后坐看势处之云。"千秋使上通事张□箕为先见开市之计，多给礼部□□。千秋领赏为先上本，故有如是弊。么麻一通官领立无前之规，痛惋莫测。

十七日乙未，阴。译官等有余货未尽买，请提督今日又开市。

十八日丙申，阴。千秋使行次发还，提督洪世俊与兵部郎中张应征坐馆验包两行。

十九日丁酉，阴。领赏题本至今不下，竣事久留，极为闷迫。又使译官赵安义进礼部号诉，员外金应凤坐堂，亦为之致念，即上催本曰："陪臣柳梦寅等，八月初一日到馆，原限已逾，而赏赐俞旨尚未涣发，光禄供应亦当停止，何惑乎！远人之呶呶苦诉乎！伏乞俯念远人，早赐检发原疏，或批今题本，早令回国。庶天朝不失柔远之仁云云。"

二十日戊戌，晴。臣自入皇城以后，逐日晓头有雷声殷殷，问之，则乃习阵放炮声也。燕京在边地，而皇朝安不忘危。五厢之将递日轮次率其所领以习坐作击刺之术，其阴雨之戎，可谓至矣。

二十一日己亥，晴。

二十二日庚子，晴。

二十三日辛丑，晴。

二十四日壬寅，晴。去夜微霜始下。

二十五日癸卯，晴，风乱。

二十六日甲辰，晴。赏赐圣旨今日始下，即令上通事赵安义速图于礼部，则当以初三日定给云。

二十七日乙巳，晴，风乱。

二十八日丙午，晴。

二十九日丁未，阴雨。

三十日戊申，阴。

十月初一日己酉，晴。日气稍寒。

初二日庚戌，晴。

初三日辛亥。钦赐赏物。早饷，臣等率一行入承天门内礼部朝房前等候之。除主事韩万象入来，臣等以次进阶上，施揖礼。受赏毕，又进相揖而退。伏见自东长安门内至五凤楼下，玉阶上筑黄土，几至数尺。问之，则云："皇极殿营缮，木石输入将恐有碶碱磨荡之患，铺之以土，此亦雇民为之，其直给银千两云。"皇极门方为营建，御路上役夫可数千余名，担土曳木，呼耶之声振于阙中矣。

初四日壬子，晴。鸡鸣，臣等率一行入午门前谢恩，行五拜三叩头。今日乃皇后诞日，以此不得辞朝。

初五日癸丑，晴。晓头，臣等诣阙辞朝。进午门前，行五拜三叩头。仍诣光禄寺，吃酒饭，复就午门馈酒饭，此乃皇上优待外藩使价之礼也。而臣等足迹未及入门，床桌所陈鸡、猪、饷果等物，本寺下人及馆夫等望臣等之至，已为争相攫取，无复余物。所见极为怪骇，亦可以观世变矣。礼部不坐，使上通事赵安义各诣堂上即位家，告行有旧例故也。出自河达门，夕宿于通州城外戴店。

三　复命归程

日记下 万历丁巳六月圣节使赴京

初六日甲寅，晴。留通州。

初七日乙卯，晴。留通州。使译官李幼淹理马，李景忠赏状启先为发送。

初八日丙辰，晴。发通州，宿三和①县顾姓人家。

初九日丁巳，晴。发三和，宿蓟州何姓人家。

初十日戊午，晴。发蓟州，宿玉田县廉姓人家。

十一日己未，晴。发玉田，宿丰润县杜姓人家。

十二日庚申，晴。留待车辆。

十三日辛酉，晴。发丰润，宿榛子店董姓人家。

十四日壬戌，晴。发榛子店，宿沙河驿刘姓人家。微雪。

十五日癸亥，晴。发沙河，宿永平府王姓人家。历见南薰亭于城南，亭上有佛殿，且有石梯百丈高出半空。殿檐下书“慈悲教主”四字，揭额前知府程朝京书也。登梯纵目，千里山河，一边城郭，尽输于指顾中，极为快阔。

十六日甲子，雪。留待车辆。

十七日乙丑，晴。留待车辆。辽东都御史李炳为备军需，贸硝磺、棉布等物四十余车，于北京差定，委官搬运，以此一路，车辆到处相

① 三和：应为“三河”，此处为误记。下“发三和”，应为“发三河”，也属误记。

值，未易打发。至于留滞，连日者多矣。

十八日丙寅，晴。留待车辆。

十九日丁卯，晴。留待车辆。

二十日戊辰，晴。发永平，宿抚宁县王姓人家。

二十一日己巳，晴。发抚宁，宿深河驿宋姓人家。

二十二日庚午，晴。发深河，宿山海关金姓人家。

二十三日辛未，晴。留待车辆。

二十四日壬申，晴。留待车辆。

二十五日癸酉，晴。留待车辆。

二十六日甲戌，晴。留待车辆。望海寺在关北角山头，试往登眺，眼穷银海，直若凭虚驭风，而不知其所至矣。且穷巘绝壁，四面屏围，万壑溪流，澄如碧玉，合而为石子河入于海。

二十七日乙亥，晴。留待车辆。冬至使郑经世、吕裕吉行次过关。

二十八日丙子，阴。留待车辆。

二十九日丁丑，晴。留待车辆。

十一月初一日戊寅，晴。车辆始到。日暮，仍留。

初二日己卯，阴。趁晚牌过关。主事坐堂，免臣等见礼，点出一行员役。宿罗城。

初三日庚辰，晴。发罗城，宿高岭驿滕姓人家。

初四日辛巳，晴。高岭无车递运，时例雇于前屯卫，以此臣等为督送之计，独为前进，前屯卫使军官郑琉请于总兵李芳春，差夜不收催发。宿于城外张家。

初五日壬午，晴。发前屯卫，宿沙河驿许姓人家。

初六日癸未，阴。发沙河，宿东关吴姓人家。

初七日甲申，雪。发东关，宿曹庄驿刘姓人家。

初八日乙酉，晴。发曹庄，宿连山站刀姓人家。

初九日丙戌，晴。发连山，宿杏山驿袁姓人家。因李游击儒乔伏闻巡按御史熊廷弼上计鞑贼扰害辽东，殆无宁日，不一绝其路，则万世生民无以奠枕。请自山海至开原，限以虏境筑长城以守。皇上可其奏，以为辽广军丁不足以当大役，添给山西军二十万，将以明春起役。但军民之情似不乐，未知厥终果得成否也云云。自沙河至此驿，防守极紧，分送将领，添军把截，李游击亦为把守，领军来戍矣。

初十日丁亥，晴。留待车辆。

十一日戊子，大风扬沙边路。昼晦发杏山，宿小陵河王家。

十二日己丑，大风。发小陵河，宿十三山董姓人家。

十三日庚寅，晴。发十三山，宿闾阳周姓人家。

十四日辛卯，晴。发闾阳，宿广宁王姓人家。总兵王威已于九月初到任，元戎威望顿不如松边，情颇有不惬云矣。

十五日壬辰，晴。朝，使译官郑仁男诣总兵衙门请差催车，夜不收。使赵安义进察院衙门，见官后，仍呈礼部札付，谓差护送官，俾免江上委官侵夺之弊。俱蒙许诺。

十六日癸巳，晴。留待车辆。

十七日甲午，晴。留待车辆。

十八日乙未，晴。留待车辆。谢恩使行次追到，先行闻开原参将飞报内东鞑子豸㱔与老酋不合，连岁交构，近始通和。豸㱔送女相质，约与分侵辽界云云。都御史与总兵密谋，须及虏未动，当发问罪之师。今日，老酋遣其将张海善、古里等追至，进御史衙门，自明日开原飞报出于伪传，御史斥以行狡，即今挥出云云。虏情叵测，变诈百端，其虚实未可的知也。

十九日丙申，阴。车三辆先到，问落后之由，则于曹庄谢恩使相值，先为打发，故未及期限云。

二十日丁酉，晴。夕，车辆齐到。

二十一日戊戌，晴。发广宁，宿盘山邓姓人家。

二十二日己亥，晴。发盘山，宿沙岭余姓人家。

二十三日庚子，晴。发沙岭，宿海州卫周姓人家。

二十四日辛丑，晴。发海州，宿鞍山侯姓人家。

二十五日壬寅，晴。发鞍山，宿辽东怀远馆。

二十六日癸卯，晴。朝，使译官朴景龙进都司衙□，见官一大人许承勋到任才十余日，三大人□差云。向晚发行，宿狼子山王姓人家。

二十七日甲辰，晴。发狼子山，宿连山关贯姓人家。

二十八日乙巳，晴。发连山关，宿畓洞赵姓人家。

二十九日丙午，晴。发畓洞，宿白颜洞赵姓人家。

三十日丁未，晴。发白颜洞，宿柳田金姓人家。

十二月初一日戊申，晴。发柳田，宿中江。缘委官百般操弄，臣行及谢恩一行并为停留。征索物货，不得已令两行译官一如其言，收合以给。

初二日己酉，晴。御史李溟点一行人马卜物，巳时，还越江。

卷之四　归乡日记

一　返乡过程

日记上万历癸亥自庆州治装归乡

正月一日，晴。鸡三鸣，行忌祭。金忠元[①]、金纪南适来助祭，幸也。极寒。

二日，晴。大风，极寒。秃伊且答进韩允生自军威[②]还。

三日，晴。极寒。行贺礼于客舍，仍坐迎春轩，受品官、轻重将官、三班下人贺拜。

五日，晴。分掌各样重纪于四乡所，使之及期修正，金士毅奴捉得延婢，即向洛下。

六日，晴。是乃立春，生女戏。

---

① 金忠元：朝鲜中期儒生。

② 军威：位于韩国庆尚北道中部的郡。

七日，晴。李仁立饮岁馔①，及□往蔚珍②奇德平③寓所。

九日，晴。潭阳④奴上来，现从马愿得者数三，亦来烦屑，可叹。

十日，晴。此乃宋士君初期，念及上年，皆不胜悲痛也。

十三日，晴。是乃聘君忌辰，夫人设奠行祭。

十五日，阴且风，行望奠于神主。

十七日，雨不止。行期已迫，雨势如此，泥路跋涉必不利往。闷极。

二十一日，晴。离衙发行，姑接于邑内。

二十二日，阴。内行留。

二十三日，自去夜，雨雪霏霏，道路泥泞。行次势未登程，天使我困苦至此，可叹。

二十五日，雨。内行冒雨将发，而雨势不止，人马跌仆，不得已停行，闷叹奈何。

二十七日，连日雨不止，道路不通，不得已停行。故寓军器以开，月初待晴，改择日发程，定计稍晚，日势渐开，计内行登程，投宿于西面大谷村。

二十九日，乍雨晴。今日乃我初度，既不得奠杯于圣主，而不得与妻孥相对，悄悄度日。

二月一日，晴。内行大谷。

二日，晴。内行投宿于金海寿⑤家。

三日，晴。重记毕修正。

---

① 岁馔：朝鲜族春节期间食用的饭食。

② 蔚珍：位于韩国庆尚北道东北部的郡。

③ 奇德平：朝鲜中期文臣，曾任铨判等官职。

④ 潭阳：位于韩国全罗南道北部的郡。

⑤ 金海寿（1581—1640）：字深源，朝鲜中期文臣，曾任县监等官职，于1627年倡导义兵抗击外侵。

四日，晴。发行，投宿于大谷村。披检御使尹顺之[①]行次适巡到，以军务面查勘事，再论关请还入来，既与奴民告别，封营驾出，而今又强颜还入去，则近村儿戏见□□笑不得已，令下吏安发往城中间其□□重及查勘曲折，来报可否。

五日，晴。头安发，出来逼还，反覆思之，入去大有作梗。令乡所孙克会驰往，报其难便之由。如不得已，令载来纸筒及印信，留此成贴，以送为计。慈仁[②]下人持来家书来报，昨夕内行到慈仁，今日发向大丘[③]云。朝来雪下，稍晚风作，午后因御史驱迫，不得已还入西岳书院[④]。纸□来出，各年军案查出。

六日，晴。下吏等达，夜查考则各年军案延，故不为付标。查勘之际，少不下七八日。不得已具□，御史尽出，军案封付一箱付乡所入公□□为发行，宿于泉村民家。昏，进士□持进士书下来，乃长鬐[⑤]县监□启也。岁前，忠补以兼调度使，送防纳[⑥]方角。其军官者多，其作弊且多，□□月驿已措备，各官勿许防纳，以此严除此辈。□□公作弊之端，令囚其军官。军官者即延走，只囚其□二石才一旬余。我亦决归，即为放送。忠补因肆螗螂之毒，尤为怪鬼之事，思之痛愤，言之污口，达夜无寐。大概壬戌、癸亥乃元辰对冲年也，连年被人状启，况忠补乃玄风[⑦]官奴之未到者也。乘时虱付凌辱士夫至于此极，尤

---

① 尹顺之（1591—1666）：字乐天，号涬溟，朝鲜中期文臣，曾任工曹判书等官职，于1643年出使燕京。

② 慈仁：韩国庆尚北道庆山地区的旧称。

③ 大丘：韩国大邱市的旧称。1750年，为避孔子之名讳，将“大丘”改为“大邱”。

④ 西岳书院：位于韩国庆尚北道庆州市的书院，于1563年由时任庆州府尹李桢（1512—1571）创立。

⑤ 长鬐：韩国庆尚北道浦项地区的旧称。

⑥ 防纳：朝鲜时代官吏代替他人呈上贡物并多收取钱物之事。

⑦ 玄风：韩国大邱市达城郡的旧称。

用痛怜，莫非数值厄会而然也？奈何从此归农，永绝仕宦之心矣。

七日，晴。晓头，使秃伊金共□□间消息，我则取道故乡。朝饭于大昌，夕宿于慈仁县。

八日，晴。朝食后发行，抹马于烽底村。午后到大丘，即八巡相过，饮泥醉，宿客舍。

九日，晓头发程，朝饮花姑县，渡武溪津，夕宿于良田院村，内行留此相待矣。

十日，晴。过十里，朝饭于安林驿，余为拜郑相，分路向红蓼洞。内行直向卷屏，午后抵郑相家。郑相岁时以疾患丧长孙，仍得重病，方在沉绵中，不得相接，而退宿三十里外村舍，乃居昌①地也。

十一日，晴。凌晓到居昌县内朝饭，行到茂村驿，与内行相值。夕宿于沙根驿，察访尹公长恃其内势，不给马草，可欠可叹。

十二日，晴。晓发，到咸阳②，雨下如注，终不开，不得已留。郡守南以圣□□□□员出，乘昏还官，只相问安否。

十三日，晴。晓发，逾八岭峙，朝饭于云峰地驿村，过安信院岘，夕宿于南原府③，主官洪恩敩出见。

十四日，晴。晓发，到淳昌④赤城院朝饭。夕宿于潭阳⑤客馆，府使罢归，空官时百事无形，可叹。

---

① 居昌：现为韩国庆尚南道西北部的居昌郡。

② 咸阳：韩国庆尚南道咸阳郡。

③ 南原府：现为韩国全罗北道南原市。

④ 淳昌：韩国全罗北道淳昌郡。

⑤ 潭阳：韩国全罗南道潭阳郡。

二 故乡生活

日记下万历癸亥自庆州治装归乡

十五日，晴。食后到本家，萧条篱落，尽皆摆散，只余一空庐，风日不蔽，妻子露坐，以官为家者，终无所归，此之谓也。

十六日，自去夜微雨。

十八日，晴。庆州人马辞归。

十九日，晴。北面柳东宪大宅□礼恳邀内行，不得已，夫人乘夕还来。庆州判官问安，即为修答以送。

二十日，晴。郑子定、吴得源来访，过饮痛卧。

二十一日，晴。宿酲未解，终日卧痛，客到未接。

二十二日，晴。春风大发，鞠贞卖其奴命元兄弟，此乃宿约也，不得已给价成文。

二十五日，晴。吕同知持酒来山城，别将郑汝璘同参。

二十六日，晴。京奴成丁虚、化卜及进士奴壬生上京，为出乡所，及把总作乡会，本面烟军因兼官之令，篱落修治。

二十七日，晴。肃川有新酿，把杯于松间，过饮扶醉而还。金景鸾、崔晙寔等持汤来，醉未把杯。

二十八日，晴。金始男持酒来，请玉成叔主同酌。

三月一日，晴。卜世为贸盐往罗州①。

三日，晴。明有祀事，坐斋。

---

① 罗州：韩国全罗南道罗州市。

四日，晴。晓行时祀，堂兄及柳东宪来助。

六日，终日大雨。冒雨上元晓省墓，仍行寒食祭。乘夕还监司，送营吏致食物米馔，兼问安矣。

八日，晴。宋汝仁兄弟持酒来，玉成叔主暨堂兄共坐从容。

九日，终日雨。欲往眉严书院，以雨停行。

十一日，晴。宣谕文、洪千璟行历访而去。

十三日，晴。达奴为防纳田税，持好木十七匹，往灵光[①]金应深处。

十六日，晴。大风。为□□兼有讲堂议构事，往眉严书院，品官及儒生四十余员来会。

十七日，乍雨晴。司马斋行慰酌。夕，李元问自淳昌来报，国有变乱，闻来则极为惊骇，而信言难信。

十八日，晴。人人来传□不虚。李适[②]、金瑬[③]、金自默等率被军以十二日举兵围天宫，□废迎西，□始垂帘听政，远君子绫阳君[④]为王，即位昌庆宫云云。

十九日，晴。送卜世于杨洲进士家，□洛耗。

二十日，晴。闻中使礼□参疏承旨率内人往济州，迎出延兴夫人云。

二十三日，晴。郑子容及金子龙叔来访，中酒达夜。

二十四日，晴。省吾昨夕来宿，今朝归。

二十六日，晴。卜世上京，路逢恩卜同还，见金郎书促装上来肃阙云，不得已发行为计。

---

① 灵光：韩国全罗南道灵光郡。

② 李适（1587—1624）：字白圭，朝鲜中期武臣。其于1624年发动叛乱，史称“李适之变”。

③ 金瑬（1571—1648）：字冠玉，号北渚，朝鲜中期文臣，于1614年出使明朝，1624年以伴送使接待明朝使臣。

④ 绫阳君：朝鲜第十六代王仁祖。

二十七日，晴。夕暂雨洒，□□□来访。

二十八日，晴。往牛岾，江亭使相地官林得春泛铁江，亭则酉坐卯向江，舍则卯坐酉向为定。

二十九日，晴。昌平[①]太守及曹正郎来访。

四月一日，晴。今日使使读安宅经于新家。

四日，晴。与□叔兄弟往牛岾庵舍宿。

五日，晴。省吾家设点心，弊客数员来会，夕还。

六日，晴。昨夕肃川奴讷何幸自京来报，其上典差定州之奇，稍晚往□家。申合文、金淳昌诸客来会以稳。

七日，晴。近来旱气太甚，为虑。

九日，晴。金德普[②]来访。

十一日，晴。拜辞神主，移宿外家。

十二日，晴。与李定州同发，抹马于正角山店舍，宿于浦坪。

十三日，晴。朝饭于泰仁故县内，夕宿金沟县。

十四日，晴。朝饭于参礼驿，夕宿于砺山郡内。主倅李玄聘以恶草有进呈。

十五日，晴。朝饭于恩津县[③]内，逢陈□暂闻京奇历，见尼山倅金光焕。点心后，夕宿于定川村舍。

十六日，晴。朝饭于公州邑内，□香谷来见，历见郑元问于其家，因被挽留。

十七日，晴。朝饭于广川酒幕，抹马德坪，定州新迎人马相值，减送余行。奴马于潭阳借，载日物于定州从马，夕宿于天安酒幕。

十八日，晴。朝饭于愁歇院，抹马干葛院，夕宿于清淮酒幕。是

---

① 昌平：韩国全罗南道潭阳的旧称。

② 金德普（1571—1627）：字子龙，号枫岩，朝鲜抗倭义兵长。

③ 恩津县：位于韩国忠清南道论山郡。

日，振威路上猝逢狂风骤雨，艰到宿所。

十九日，晴。朝饭葛州酒店，抹马于板桥。夕宿干良村驿。

二十日，晴。晚发入城，得到旧馆于内□□□前。

二十一日，往见枫溪相公子□，因见赵应教、怡叔、兵判金□玉、吏判申泰叔，□南郭见朴子龙，致慰。子龙在废朝曾被七臣之□，今成安置律。

二十二日，晴。近来旱气太甚，岁事可虑。

二十三日，晴。金南重、□□源来见，夕往拜奇相□。

二十四日，晴。定州李□、张晚辞朝自上亲饯于郊外，盖毂例也，□盛举也。

二十五日，晴。以超资乞免事呈启下吏曹。

二十六日，晴。朝往见都宪月沙，午后为见金郎及女息，往杨州①金村吊金叔度令公，不遇，叔度以事昨已入城矣。

二十七日，晴。稍晚还入城中。

二十八日，军职肃谢后，因往见兵判及晋原，闻叔度尚留庄义洞，往见历吊。夕，婢丹春自潭阳来。

二十九日，晴。自上亲行祈雨祭于社稷。

三十日，晴。近来旱灾已极，种不入土，民事可虑。此见洪参议及士毅。夕，奴水玉载粮自礼山来见，闻姜郎一家尚保，喜幸。

五月一日，晴。往见尹定问、朴子粹、李养源诸□，水玉者还去礼山。庆州座首郑光国前嫌间，聚无赖之徒，毁吏房。郑公绰军官崔游生家尽，夺家产两者，延走于他乡云。闻来极为惊骇，以此推之，则解由亦将不顺光国，乃贼者之甚也。吾候递时，欲以孙克会父定座首此者心衔之，乃至于乘时作乱嫌祸于吾之信任者，痛心奈何。

二日，晴。午后暂阴霏，□自上谒圣，取洪雨宝等十人，吴希道

① 杨州：现为韩国京畿道中部城市。

高参可喜□，潭阳及户曹参判控昑太甚□事。

四日，晴。午后暂骤雨，发雷声。以宗庙献官受香入斋，与尚衣别坐，金雨宝终日对话。

五日，晴。晓头行祭，黎明出来。国纲不振，至于宗庙祀事，各司趁不进排，可叹。夕，往见吏曹参判郑光绩及灵光郡守曹弘立、吏曹佐郎张维。

六日，自去夜，雨下如注。此雨虽晚，然犹足可幸。

七日，朝前阴霏，稍晚晴。

八日，晴。因前上疏，命降一资，人间万事，莫非数也。今年以降品之故，得消他厄，则亦幸也，奈何！夕，往见金仙源及赵怡叔，□送奠需于杨州。

九日，晴。昨日移寓邻家，此乃被窜家也。

十日，晴。往见金沙溪、高南平及参判郑时晦、李赞画、许全州、郑大谏、吏判金同知诸问。夕，为送曹灵光与高君涉，约会于林子慎家，话别同宿。

十一日，晴。朝还寓，历见令监李廷馩、尹监司调元、黄佥知敬中。

十二日，晴。今日乃仲栗大祥。凌晓，驰往杨村，金知事及延安皆已来，同坐叙话。午后还路，逢成□□，以余明日廷试试官，命牌即驰到泥洞，促冠带入去，则日已暮矣。以在外县，顷即还出。

十三日，乍雨。朝往见李玉汝令公，叔座从容。玉汝有生员之意，未知厥终之如何。□吏曹帖以余差平壤，延慰文启下，不日发行云。老境炎程困苦，行役足当□痛闷。

十四日，晴。廷试榜中金光炫得中，可喜。即上庄义洞。

十六日，晴。往见潭阳城主，酒中而来。

十七日，晴。进士自杨村入来历见。

十八日，晴。近来密云凄风不止，西成已失望矣。

十九日，晴。乔洞黄录事持资米二石及鱼盐来救客窘，可幸，可幸！

二十日，晴。往见玉汝令公吏判，见乡书，牛岾出身等来纳矣。

二十一日，阴。黄录事备酒夜来，雨露沾湿尘土。

二十二日，晴。愁里金自潭阳上来，儿孙辈尚保无恙，而阁内浑安云，是幸也。

二十四日，晴。以同知得□事物□藉藉，今年口舌之厄，不可胜说，痛愤奈何！愁里金向三陟。

二十五日，晴。晓进阙下肃拜，午后因命牌进参宰臣之末以废东宫处置事也。去念三夜，江华府使状启，废东宫，自围篱内掘地钻穴七十尺延出被□，巡逻军闻者莫不惊骇。

二十六日，晴。往见郑子重，通情于李献纳檠，因访礼参李安讷舒话。

二十七日，晴。进士□归杨村，金主簿兄自潭阳上来，细闻乡家消息。

二十八日，晴。与□礼判扰甚，未克从容。

三十日，晴。出西江，看石物。归路历见刑判徐及潭阳府使，今日自上亲祭于私庙。

六月一日，自晓雨下如注。

二日，终日大雨，临夕开霁，以成婚事呈辞□□。

三日，子半捧仲女礼状，终夜皑皑无一点雨，此亦天也。朝来又大雨，如昨极幸。

四日，阴晴。往辞桐溪相公及赵怡叔，午后，林公直、郑子重、士朝来别过，饮烧酒，达夜呻吟。

五日，达夜大雨，终日如注。

六日，晴。下直肃阙后，仍拜领相及兵判。

七日，晴。极热，食后发行，中火于良村驿。李彦忠追到，白金四十两□□以去。夕宿于板桥酒幕。

八日，晴。晓发，朝饭于孤山上朴大夏酒幕，抹马于葛院，渡首佐滩，夕宿于平泽地，向化村。

九日，晴。平明发行，朝饭于汝项下新酒幕，由温泉，午后到礼山庵舍。哭拜两垅，荒凉废屋只数三残样，出迎悲痛，一夕人事至此，后何言哉！

十日，晴。留海美[①]，姜郎率其妻子来见。

十一日，晴。今日乃外妣忌辰，行素，遣秃邑金及水玉温汤。捉来未叱同，好子恩卜自杨州追到。

十二日，朝来阴霏，午后雨□。以薄具酹一爵于两塚，痛叹奈何！

十三日，去夜大雨，雨加不开。缘此停行。

十四日，昼夜大雨。

十五日，昼夜大雨。婚期渐近，缘雨至此，闷虑闷虑。

十六日，昼夜大雨。

十七日，昼夜大雨。

十八日，大雨连夜。度此雨势，前头开霁不可以日月计。不得已先送恩卜由温阳山路，舟渡锦江，达于故乡，报以滞雨礼山之奇。待晴，借得祭需若干，使之中路迎来，罗生、无金则送于京，亦由温阳路，取道德坪，问道便走，未知果能得达否也。

十九日，雨终日，东西交吹。

二十日，雨。金主簿奴卜只愿为□去，使之追恩卜偕行。大雨连旬不开，非但行苦，有初害，此雨必非灾非蝗，可叹！

二十一日，终日雨不开。

二十二日，终日雨。

二十三日，乍雨晴。滞雨，今至半月，无聊莫甚。与原城监同上

---

① 海美：现韩国忠清南道瑞山市东部。

凤首寺，为经宿之计。

二十四日，乍晴。朝作软泡后下来，以明日虽雨作行为计。

二十五日，冒雨登程，取道公州，抹马于幽谷驿。为逐奔流，登山跨壑，终日披蓑。午后，大雨如注，咫尺不辨，艰到公州之距西十五里外进士金士俊家止宿。主人为居馆上京，其儿子出待，士俊之□金哲浚，定山内洞人也，为赴京试上京，自京下，阻雨留此，因与同宿。

二十六日，自□雨下如注，欲避雨停留，还齐愁津，□数三日内□渡涉，不得已冒大雨发行，到津头招舟子过洛，入城内人家，行装尽湿。艰苦平生痛叹，锦江泛溢，大雨终日不止。

二十七日，终日大雨。监司闻余之来，使人相问，送马相游，不得已入见，从容谈话，仍醉归邸舍。

二十八日，朝来似有开霁，而□请监司桡舟渡横流，下舟于小消，下舟中，逢大雨，行卜尽湿。下舟策马过定川，投宿于尼山县馆。

二十九日，冒雨发程，渡子浦石桥，由连山下路到平川驿。午后，大雨如注，沙桥川水涨溢，不得过涉。还宿于驿里主人朴永处，待之颇款矣。

七月一日，午前暂开霁，觅渡涉人于驿里，艰渡沙桥，路中逢大雨，投砺山，抹马而冒雨来宿于参礼驿，衙主人曹臣俊以差使君出去，独小子曹震青出待矣。

二日，终日大雨，取道崔都事庵舍，下觅庵船，艰渡两川，到金沟县内，日已午矣。朝饭后即发，投宿于东池村江达。马后两足蹇伤，不得已发后使主人兼养以待。

三日，终日雨下如注，冒雨发程，渡古县内流觞野下川，逾屈峙到保坪，则川水连天，不得渡，不得已留宿于其村民家。

四日，晴。粮资告绝，龙泉僧天觉处昨夕已送人通之，今晓负粮来馈。食后发程，□中火。闻里中大疾方炽，即□午后矣，一家尚无恙，但小儿□惫，莫甚可闷，大概今番行道□死之状，不可以一笔尽记，痛叹奈何！到家议及婚事，则前头只隔十余日，决难及措，不得已退行定计。

七日，乍雨乍晴。恩卜与成丁、许化卜上洛。修送于李家，以腊月退行婚事。午后茶礼于神主。

九日，晴。权宋两上舍来访。

十五日，朝晚晴。

十六日，晴。朝饭往牛岾庵舍，夕还。

十七日，雨终日霏霏。

十八日，晚大雨如注。

二十日，晴。与苍泱叔主偕往牛岾庵舍，终日饮酒谈话，因宿于庵舍。

二十四日，雨终日如注。

二十五日，晴。往元晓扫墓，夕还家。

二十九日，乍雨乍晴。

三十日，晴。光州牧使来访，因得酒，壶中酒终日。

八月一日，晴。

四日，晴。□□□□自庆府相距七日，推欲一相问，而官事迟延，且由不敏，未能相问，李㙉①以庵作事往来，行长酬应，亦未称其□□怀嫌，必欲置我死地而后已，痛愤奈何！此亦数也，静以待之，何妨！

七日，晴。愁里金自三陟还，城主昨夕还官，送书相问。

八日，晴。以明日行时祀坐斋。

九日，晴。鸡三鸣，行祀。大谷金主簿来助，老衰日甚，行祭极劳，闷叹。

十日，晴。愁里金、伊有探问事往庆州，大醉吕酒。

---

① 李㙉（1600—?）：朝鲜中期文臣，生平不详。

十一日，晴。天以卜犀韦贸易事上京，司马斋设酌，诸上舍来会。

十三日，阴。今日乃妻之亡日，故备奠行祭，坐恋奈何。

十四日，自朝雨下，明日墓祀似将不利，可闷。

十五日，快晴。上元晓扫墓后，历拜曾祖墓。因下祖父坟山，先吊哭于道叔兄新阡，次奠酌于祖父坟前，夕还家。

十六日，晴。昌平柳东纪、金致慎等来，兼送衔内。

十七日，晴。乘月往拜城伯，即还家夜二更矣。

十八日，晴。乍雨，奴辈刈灰柴，总十五余人。

十九日，晴。今日正字得源来见，灵光金座首子亦来访。

二十一日，晴。晓往牛岵，见江皋修基，以为营造江亭之计。

二十二日，晴。因赴役治基役事浩大，来六日将有忌祀，夕与高傅川共来池洞。

二十三日，晴。坐斋，光州族金洛秋来访。

二十四日，晴。坐斋，婢夫男伊自庆州还，报消息。

二十五日，晴。坐斋。

二十六日，晴。鸡晓行祭，悲痛罔极。明日城主欲来赏牛岵江亭，午后一家尽向牛岵。

二十七日，晴。城主及吴正字得源、申佥使景濂皆来会江皋，大醉而罢，秃伊金自京历礼山，率严回来见。

二十八日，晴。一家自舍弟乘夕还池洞。

二十九日，晴。朝后往牛岵，为督役明日修基也。

九月一日，晴。户下人二十余名赴役军治亭基。

二日，晴。有故还池洞，愁里金昨自庆州还，前日云云之说，皆是孟浪，可贺。

三日，晴。愁里金以犀韦贸去事，发向洛下，京中李淳奴以车坡推去事下来，此人乃银工。

四日，晴。石村金叔主来访，共把一杯，叙进醉倒。

五日，晴。因省吾之招，与子龙、子守共往牛岾留宿。

六日，晴。子龙向石堡，余还池洞。

七日，晴。江达等为输栎皮向龙泉洞府内诸处所，得九驮家马二匹，合十一驮，先输以来。

八日，晴。严回还去，礼山银匠者亦辞去。

十日，晴。午行茶礼于神主，余则以朝来生怒参甚不平之故，未得参祭，罪满幽明。

十二日，乍雨。前廊一间加造，李顺老以凶险老妄向我有横逆之事送顺，命江达入府卞诉，以正其罪。

十四日，晴。监司李溟入府送人，问送安且求见，答以明日往见。

十六日，晴。乘月往见监司于府馆，即出来。

十七日，晴。监司约以历访，终负世情，可叹！朝，长城金汝兼来访，因招玉成叔主，共酌大醉。

十八日，晴。夕与汝兼往牛岾，共登亭基。

十九日，晴。汝兼食后归，余亦归池洞。

二十日，晴。宋文吉自京还，得见金郎，书以庆州事，正言李润雨将报提报复论云，极可虑也。

二十一日，晴。去丁巳年赴京时，从行还基者忽然来谒，欲淑其时，敕书人情于使臣，此实变怪之甚，极痛。

二十三日，晴。近来意外横逆，种种来侵，心绪极难。

二十四日，晴。夕，汝宾令公自定川递还，恩卜自京来，见京书。

二十五日，晴。早起往见汝宾，终日醉话。

二十六日，晴。秃奴以事上京，还基又来恐喝，大言胡之。

二十八日，晴。木手三汉以江亭造成事到牛岾，马应奎持酒邀定州，共酌大醉。

二十九日，晴。以成造看审形，止事往牛岾。

三十日，风高霜重，木手等不能就役，即停役罢遣，余还池洞。

十月一日，晴。余自昨日气甚不平，肾阆左边又浮，此必因酒饮冷过度之致，问药于定州，欲服三白汤。

二日，晴。秋旱已极，田畴坚如金石，种麦无路，农家失望甚矣。当午，小家设行，先妣初度奠，定州及柳灏来见馈酒。

三日，晴。宋文吉自京发□□，传送金郎书。

四日，晴。郑子高来见。

五日，雨。数月久旱，今乃沾土，庶得种麦之路，幸甚。

六日，雨。蔡后沉持酒来馈，邀定州共破。

七日，雨。秋旱已极，种麦无路，今得洽雨，可幸。夕，崔佥知海与金景鸾、崔俊式共持酒来，邀肃川同饷。

十三日，晴。午后，往奠于宋主簿葬所，归路历吊宋汝仁兄弟。

十四日，晴。省吾来助，持酒来见，公伯子守暂过。

十五日，晴。梁梦然、郑比安来见。

十七日，晴，风。牛岾四宋持牛酒来，因逢金叔共醉，闻京中逆变，又非辞连柳公廉等。

十九日，晴。奴辈晕覆牟、权公伯持酒来见。

二十日，晴。鸡三鸣，为见堂兄道叔氏初期，往大谷奠，一杯哭临即还。

二十一日，微雨。曹察访臣俊与子守来访。

二十二日，晴。省吾赴举绫城。

二十七日，晴。玉成叔主与申虞侯持酒来访。

二十八日，去夜雨雪。

二十九日，晴。柳东宪得生试，可幸。

闰月一日，乍阴乍雨。

二日，大雪且雨。

四日，晴。见京书。

八日，晴。金致源率秋香携琴来访，暂开小酌。

十日，晴。去夜雪，香娘归。

十一日，晴。贵卜以事上京，松男为招姜郎送礼山。

十二日，晴。玉成叔主持酒来劝，极饮而罢。

十六日，雨终日，兼且大雪。成丁礼、成环玉等自京来见。

十七日，晴。夕，宝城太守赵亨道为见，定州家有捉奴婢事，于本郡遣人致款。

十八日，宝城来见，汝宾令公鼎足而坐，得酒共醉作话。夕，全州判官禹甸历访而去。

十九日，雨。宝城归，元晓僧辈泡来馈，往定州家同饷。

二十日，去夜大雪，今日乍雨乍雪。碧鱼台出场市。

二十三日，雨。往牛岾丰舍留宿。

二十四日，晴。姜元吉自礼山到省吾家，设泡邀定州同饷。

二十五日，晴。吾与姜郎赴试玉果。

二十八日，晴。省吾、姜郎自试所还。

二十九日，晴。禿邑金等为捉奴婢向宝城。

十一月一日，今日乃至日，兼行时祀，省吾、姜郎助祭。午后，招汝宾令公作饯。

二日，阴。司马斋设小酌，罗都事、权公伯诸公来会叙话。姜郎率休歇等归礼山。

四日，阴。大谷诸族来会，极欢，开酌而罢。

六日，晴。禿伊奴自宝城还。

七日，晴。汝宾令公以堂上宣传官赴洛，隔篱日相从，今遽远别，怀怅难状。光州牛岾朴璋来见。夕，张御史过府馆致问安。

八日，晴。而温[①]因传闻金郎光爀得参馆试状元。

九日，晴。自石堡贸沙器来。

---

① 而温（1556—1639）：朝鲜中期文臣、义兵长杨懿直的字，其号靖世，曾任昌陵参奉等官职。

十一日，晴。李司学家行时祀，贵卜自京还。

十二日，晴。近来极寒。大谷金主簿昨行时祀，持酒来馈，邀玉成叔主共醉。万寿自昨日患时令，卧痛闷闷。

十三日，晴。极寒。黄昏，愁奴自三陟还。

十九日，晴。金致慎持酒来馈，适敬叔兄同参。

二十日，晴。迩来万寿之病极重，悯不可言。

二十一日，阴。是乃省吾初度，缘一家病患，未能设酌。

二十四日，微雪。邀省吾及玉成叔、玉敬叔兄作一场酒话，秃邑金以事往灵岩。

二十七日，晴。虚叱卜自京来报，从新郎之行到全州相分，新郎则向全府云，得见京报，老花犯阙，天下事自此去矣，可叹！

二十八日，晴。秃邑金还。

十二月一日，晴。为拜城伯入府，过饮中伤而还。

二日，中酒卧痛。

三日，阴且微雪。

四日，极寒。罗生来报，新郎之行已到府中。

五日，阴，微雪。夕，首母□香到中夜极琴。

六日，阴晴。午后新郎到，即行奠雁礼，邀客昌平太守李杨休、前都事罗茂松到，城伯约欲来见，缘日寒气不平未果，可叹。大概吉礼无事行之，只为幸也。香娘匆迫归去。

七日，晴。亡夫人忌辰，家内匆扰，未行祀事，悲感尤切。

八日，晴。邀大谷诸族开小酌，为见新人也。

九日，晴。新郎率来奴辈上去。

十日，晴。潭昌两卒处各送伻问安，兼馈宴余酒肴。昏，朝伊来自京中，得见金郎书，概□政得穆陵参奉□请有路，深幸。

十二日，晴。城主不意来访，申虞侯到，从容开酌而罢。

十三日，晴。中酒，终日卧痛。

十四日，阴。夕，微雪。宋西庆持酒来劝，中伤之余，又为强饮，达夜痛。

十六日，极寒，微雪。为避过立春，凌晓上元晓，敬叔兄来访，同宿。

十七日，大雪。进士奴甥伊归，使命孙送中路。

十八日，大雪。还家。张应虎送海鲜来。

二十二日，晴。极寒，输纳宣惠白木十匹。

二十三日，晴。极寒。近年所无晓头，达奴为输乾柿往法圣仓①，为防纳税米也。

二十四日，晴。城伯为避过，正朝携衙眷出寓，吏借□屋桥。

二十五日，晴。宋楫来见，欲移居武夷洞云。

二十九日，晴。风乱，坐斋。

三十日，晴。风乱，坐斋。

甲子正月一日，鸡晓行忌祀，省吾及李郎希曾参祭。罢官一年，家穷无比，祭需甚薄，尤极悲痛。早食后，为扫墓往元晓莫。□与省吾同宿斋官。夕，子守公来寻，同枕。

二日，晴。食后下寺，余向大谷瞻拜高曾两庙，与诸族暂叙。乘夕还池洞。

五日，晴。乡所等来勘，三别监望。

八日，晴。而温、李希曾上洛，秃邑金以延安等地收贡事从行。

九日，晴。申虞侯设艾汤招之，不得已往见。

十一日，晴。为岁礼入见城伯。夜大雨，牟麦最好。

十五日，晴。申虞侯来访，馈以酒。

十六日，晴。休歇，以奴婢推促事从方德凤往宝城。

十七日，晴。玉成叔主来访，同宿。

---

① 法圣仓：朝鲜时期位于全罗南道灵光郡的官方粮仓。

十八日，晴。诸客来会，作艾汤。

二十三日，春寒极矣。夜大风，李司仆馈酒至醉。

二十六日，晴。闻逆狱大作，逮捕连络监司，以此停巡行云。

二十八日，晴。闻巡还使韩明连、平安兵使李适等称□构乱朝廷，有旨于本道监司，使之急抄精锐赴援京城。全州判官禹甸以中军再昨到本府，领山城所属七邑军习阵，监司传令于禹甸，使之抄发五六百名，及期驰进。国家不幸，上年反正后，逆狱之作，追为虚日，以至今西州倡乱，未知军虑如何也，念叹奈何。

二十九日，晴。招元晓僧辈读经让厄。昏，赤气四塞，夜半不息。

二月二日，晴。柳东宪兄弟持酒来劝，大醉。

三日，晴。行茶礼于神主，招申虞侯与玉成叔主共醉。大风终日，昏，赤气四塞。

四日，晓来微雪，狂风终日不止，折木扬沙，行路甚难。

五日，晴。晓头入见城主，议及招兵讨贼事情。省吾为我开酌，与玉成叔主及申虞侯共醉。

六日，晴。闻适贼有剿灭之势。

七日，晴。金德普及林得智、子渊来访。

九日，晴。春温大发，率奴辈围篱于南山新卜基址。省吾夕到，劝停我赴乱之行，其言亦有理。姑待京奴来报，然后定去留。

十日，雨下终夜不止，两麦得雨，可望生苗，幸也。闻适贼已迫金郊之路，招金□等勤王兵。

十一日，晴。小家设酌，适诸客到，共醉。

十二日，晴。午后治行，为勤王向洛，历见府伯，因日暮宿府中。

十三日，晴。朝闻贼兵已逼京城，自上南幸，闻来惊痛。发行，抹马于大浮麓下，夕宿于伐树里。

十四日，晴。闻大驾已过湖西，大妃及内殿今明到完山，潭阳府伯以怯懦不合军务论罢，新府伯出来云。朝饭于金沟，夕宿于参礼，闻都元帅、张晚副帅、李守一等敛兵去。十一日，围京城，大斫贼兵，贼大败，收残卒千余，由斯沟门出走，阵于广州地。厥夜，贼兵谋乱。麾下士斩李适、韩明连两贼头来降，余贼望平京城收复，大驾来驻公山云。喜幸何极！

十五日，晴。朝饭后登程，抹马于砺山郡内，夕宿于平川驿，斩贼消息与前一样。

十六日，晴。晓发，早饭于郑川村，午到公山。大驾以十三日已到，两贼及其子以昨日亦已献馘于宗庙。昏，往见顺兴君、金庆征、金司仆长生、都检察使金尚容。朝家暂就头绪，以吾奔问似无上达之事，不知自处何以为之，谋及于金司仆及仙源台相，则皆曰上达无扰，不过朝廷知其奔问行朝情礼云云。且问汝宾令公消息于兵判一家，则皆曰无事云。

十七日，晴。朝，往见兵判金瑬、二相李贵、右相申钦，与郑士朝兄弟、赵承旨怡叔等下处。昏，又往□仙源，以君名置簿于备边司。

十八日，晴。大驾回銮，余中路祗送后，即启归程。扶马于郑川，夕宿于平川驿主家。

十九日，晓发，朝饭于砺山郡，扶马于参礼驿，午后大风折木扬沙，行路极艰难，到金沟十里外巨野村宿。

二十日，晴。晓发，朝饭于泰仁古县内。逾屈岘，大风大雪，天地晦冥，艰到堡坪抹马。夕到亭角山宿，此日间关平生来见。

二十一日，晴。朝历府内，府伯新到，情礼不可不通名，故令下人通刺，则府伯亲不见，可欠。

二十二日，晴。玉成叔主及堂兄来见。

二十三日，终日大风，屋瓦皆飞。

二十四日，晴。省吾妄设饭，因往农舍，会计敛散之谷，则非特便利，未捧一升元分给之数，未收者至于六十余石，人心极恶，无意备偿，奈何！

三十日，晴。

三月一日，李希曾自洛还，秃奴亦从归。细闻洛下消息，大驾以前月二十三日还都云。

三日，晴。得见汝宾令公自洛抵书，概决杖后终未免西还，罚防将自京直向西关云。相见不易，言念怅叹。

四日，晴。庶母初度，一家共设盘蔬行酌。晚德叔主来参，申虞侯来访，以此不得出接，可恨。

五日，雨。得见汝宾令公书，概已从副元帅李守一西下云。

六日，晴。元晓斋官去夜火，贼十余不意入斫，尽作灰烟。

七日，晴。缘府伯推捉，骑马颇致搔扰，可怪可欠。午后往牛岾农舍监移谷物，是夜，大雷电雨下。

八日，朝来雨，晚晴。夜雨颇洽耕播，幸幸。

九日，晴。新石鱼始产，荐于神位。

十一日，晴。昌平太守送人邀我会话于松江亭上，适申虞侯、金子守来访，共挽往会。梁士健亦来参矣。为酒所困，颠倒归家。

十二日，晴。晚德叔主及金主簿来访，权公伯亦来见。

十五日，雨未洽夜，推考敬差官①宋象仁过府馆相问。

十七日，晴。往牛岾农舍，仍见舍弟成造。

十八日，晴。林广州公直丧，柩向石堡，过松江，前路出哭道左，此子死得其所，不负素志，而但终不□历有其材，是可惜也。

十九日，晴。江达输贡税下法圣仓，李希曾为收贡，使奴辈行从。

二十日，雨。近来间闻作雨，未大洽，农事颇艰。

二十一日，晴。曹汉宾来访。

二十二日，晴。申虞侯来访，醉邻酒。

二十三日，阴。夕，李郎自法圣仓还。

---

① 推考敬差官：朝鲜时期中央派遣到地方查案的官员。

二十六日，阴。

二十七日，乍雨乍晴，午后雨雹。

二十八日，乍雨乍晴，以近移事先往牛岾。

四月二日，雨。今日之雨稍胜于前，金主簿自大谷来访于省吾家，因大醉。

三日，晴。终日困醒卧痛。

四日，晴。还池洞。去念入穿窬贼入大室，偷去鍮箸及谷物。昨夜，又入于小家，偷去衣物。此贼必在家里奴仆。极痛极愤！

七日，晴。往牛岾。

八日，晴。玉成叔主及梁士健来访，共往省吾厅事观灯，夜同宿。

九日，晴。申虞侯来访，共到鄙寓，与玉成同醉。

十一日，晴。乡所等持酒来馈，申虞侯来参，共醉。

十二日，晴。夕还池洞，迩来旱气太甚，仅付之种未免枯损，可叹。

十三日，晴。安佥正旭历访留宿，安公乃旧□□，罢官奉母，流落于井邑地。

十四日，晴。安公发向升平①，成丁先归。

十五日，晴。秃奴以发债事往礼山等地，许叱卜与守男追成丁上洛金郎处，修柬以送。

十六日，微雨。往牛岾。

十七日，阴晴。还池洞。

十八日，细雨乍晴。有雀雏白如雪，怪莫甚焉。

十九日，晴。坐斋，京中李天海来访。

二十日，晴。大谷祖父忌祭，则四寸家有故关奠，可叹。此日以生菌事，兼为读经让灾。

---

① 升平：韩国全罗南道顺天市的旧称。

二十一日，晴。近来连旱，仅付之种将至龟坼，可闷。

二十二日，晴。玉果太守罗纬素乃妻族也，以官故经□历访，劝酒至醉。

二十三日，晴。向牛岾。

二十四日，晴。参奉奴鹤伊自京为觅救资来，参奉一家时无恙，但因于穷寒仅支云。

二十六日，晴。还池洞。

二十八日，旱。往牛岾，金汝兼来访，因共醉。

二十九日，暂雨，还止。

五月二日，旱。金参奉奴鹤只归洛，还池洞。

三日，旱，极热矣。田畴龟坼，秋成绝望。

五日，旱。近来非但旱灾之甚，日日昏雾四塞，如春间土雨，然极可怪也。晓，往元晓扫坟，祖父母、曾祖父母墓祭皆吾家备设，大喜。寺吾往奠，新山金主簿往奠，老来气力惫尽，艰得行祭，无后之悲，到此极矣。

六日，旱。相前畓麦。

七日，旱，热极。林公直丧，柩发引顺天葬所，今日过昌平，余患病未去。李司仆往奠，司仆归，传尹参判曄童移向牙山，今过昌县向长城①，欲邀见，中路驰往斗尾下，其行已过矣，不得相值。还宿牛岾。

八日，终微雨。只湿轻尘而已，不能救旱，可叹。

九日，晴。舍弟为捉延奴注叱金，率达奴等往淳昌。

十日，旱。舍弟捉得注叱金及其子女来见，暂施罚，此奴送其母彦，每癸甲年逃走，去不远地避匿，今始见捉，可痛。

十一日，旱。注叱金及其子命令伊放还，农毕来见事分付。夕，

---

① 长城：韩国全罗南道北部的长城郡。

春玉逃走，极痛。

十二日，旱。送秃奴及严奴追春玉，不利。

十三日，旱。晓往牛岾，稍晚高傅川以兵曹正郎被征上京，到松江亭上告行，即携酒出饯。

十四日，旱。君涉晓发，曹正郎克远丈为见君涉，及吾朝到省吾家，令渔人捉鱼，终日闲话。

十五日，夕，骤雨，到初更乃霁。久旱之余得雨即晴，民事可虑。

十九日，大雨自朝至夕。久旱失望，得此喜雨，民生庶有得苏，幸幸！

二十日，晴。奴辈家前后畓移秧。

二十一日，晴。玉成叔主与金主簿来访，共暂往牛岾。

二十二日，晴。每作畓移秧，还池洞，玉成叔主来访。

二十三日，雨。与玉成叔主共往牛岾。

二十四日，晴。吕同知及申虞侯各持秋露来访，共醉于省吾之亭。

二十六日，晴。还池洞。

二十七日，晴。昌平太守再三见，招以出入官府似烦，辞不就。

二十八日，晴。收得农军六十余名，耘前畓及桥底畓旱，乾苗短，农事可畏。

二十九日，阴霏且风。马应奎以换牟事，领奴辈往光州场市。

六月一日，晴。晓，往牛岾，午后闻高善行令公来访于池洞，即驰还，共醉。昏，善行闻其长□讣音，无聊莫甚。光牧送书邀我于风咏亭，将以六日共高善行作行，善行意外遭服，此亦不利人间事，可叹。

二日，朝，骤雨大作。善行令公归光牧前送书风咏之会，以开月初退定，善行遭服故也。往宿牛岾。

三日，晴。柳东纪持酒来访。

四日，阴晴。奴辈聚佣人四十余名耘作畓，还池洞。

六日，晴。申虞侯来访，共挽往见南山书堂，因向牛岾。

八日，极热，骤雨。

九日，极热。还池洞。午后骤雨。

十一日，晴。晓行外妣忌祀。

十二日，晴。昏，往见赵孝子平于武夷洞。

十三日，晴。奴辈除秧畓。

十四日，夜三更骤雨。奴辈以五十名治前畓。

十五日，晴。行节奠于神主，午后向牛岾。

十六日，朝闻李广中妻氏捐世，此乃表五寸叔母，行素。

十七日，乍雨乍晴。自朝终日避暑于省吾家。

十八日，乍雨乍晴。申别座溗到省吾家，往见申景濂，亦会。

二十日，乍雨乍晴。闻买得奴申丁自东莱到府市，送人捉来。

二十一日，乍雨乍晴。朝，申丁现谕以买得，使之归顺。昨夕自牛岾还池洞，自昨患肘，今颇苦。

二十二日，自朝大雨。因乡所等传闻金景择令公为兵判，可贺。

二十三日，自去夜大雨如注，川渠涨溢。

二十四日，大雨连朝不止，川渠又大涨。

二十五日，晴。往牛岾。

二十七日，晴。奴辈种牟麦。

二十九日，晴。金主簿自大谷来访。

七月一日，晴。荐新稻于神主，舍弟家备送新米矣。权公伯、庚长问持司马斋酒来话，玉成叔主及申虞侯、金主簿同参。近来老热极酷。

三日，极热，午后骤雨。淳昌郡守安复善历访于农舍，暂开话，点心后，向玉果①。

① 玉果：韩国全罗南道谷城郡的旧称。

四日，晴。以消灾事，为读玉枢经，卜者闵廷桀来。

六日，子初诵经，天明罢，闵公归。

十日，晴。近来老炎极矣，不耐其苦。午后申虞侯持秋露来劝，强饮醉倒。

十二日，晴，极热。高善行令公今为高城郡，今日光牧出饯于风咏，送书相会。午后发行，夕抵亭上。光牧及善行已会，即把杯从容，夜分而寝。

十三日，朝乍雨，极热。善行及光牧相别，到龙山郑比安家朝饭。午抵舍弟家避暑。夕，骤雨大至，留宿。

十四日，晴。极热，朝饭后还池洞。

十五日，晴。申虞侯、尹应武、曹汉宾诸人来见，把酒开话。

十六日，晴。玉成叔主及金子守来访。

十七日，晴，极热。家属愿见，俯仰秋光，许以今日登临。夕，骤雨大，来归。

十九日，晴。申虞侯持秋露来访，对酌至醉。

二十日，晴。敬差官崔皞、和顺县监崔尚谦及权宋两上舍等来访，馈以点心。夕，骤雨。

二十一日，去夜雨讫，朝不霁。前者与曹正郎克远及曹□天诸君有约于松江，今日为期，而雨势终日不止。不得已更走人邀请于酒家，开细酌。玉成及申虞侯、省吾共参。

二十二日，晴。终日困醒。

二十八日，晴。因时令，气不平。

二十九日，晴。光牧送人相问。

三十日，晴。申虞侯持秋露来访。

八月一日，晴。作川游于松江亭上。

二日，晴。权公伯等来访，府使沈起成前月念七闻其父再中风，垂绝之奇，为治任□重，托迟留数三日，不即登程，昨日始发行。止宿保坪，堆牛作宴。今朝闻其父死，乃奔丧云。

四日，晴。玉成叔主来告别，欲以来初七上京故也。

五日，晴。往还牛岾。

六日，晴。闻前府使内行今日发去。

七日，自去夜大雨且风。李希曾以今日率其□上去礼山，而雨势如此，可虑可虑。当午，雨势小霁，女息即发行，无母之女千里有行，相见不易，悲叹挥涕而已。

八日，晴。古可池、李座首兄弟及申虞侯持酒来馈，因醉。

十日，夕，往牛岾，明日将行亭子开基祭也。

十一日，阴晴。祭后，木手三人郑大吉等赴役，夕还池洞。

十三日，晴。晓行亡妻忌祀，即往牛岾。

十四日，晴。午后闻金参奉德普自京归，历访于池洞，即驰还，暂见参奉，有明日扫坟，急还。

十五日，阴霏。奉庶母往奠松楸，大谷亲族等来访，从容夕还。

十六日，晴。省吾招我作会，往见仍宿。

十七日，晴。木手及役父二十余名赴椽木山役。

十八日，晴。晓还池洞，督送本面农作军，于椽木所输入。夕，来牛岾。

十九日，晴。木手三孙被山城推捉去，可叹。

二十一日，晴。昨夕礼山去奴等还。

二十二日，晴。还池洞。

二十三日，晴。午后为践曹正郎克远往还声山。

二十四日，晴。坐斋。

二十五日，终日大雨。李㙈为见□发向西州。

二十六日，鸡鸣后雨势似歇，即行祭，与舍弟共奠，悲痛之情，到老难状。

二十七日，晴。石底金参奉与权公伯来访，共对话至醉。

二十八日，晴。郑比安来访，朝饭后共往牛岾。申虞侯持酒来见，因宿省吾家。

二十九日，晴。金参奉诸客散归。

九月一日，晴。晓还池洞。

二日，晴。白发契中，崔海、吕泓、尹之阳等设别酌，与省吾共往，聚英里参焉，大醉不能归，历宿府中，晓还。

六日，阴。李奉事送民□持酒来访，宋海生来觐。

十日，茶礼于神主，金纪南适到，共醉。

十一日，晴。光牧送书相问，即修答以送。

十三日，朝雨晚晴。今日新府伯朴鼎贤上任。

十四日，晴。入府拜展新官，即出归，历访子守，赵衡仲来会叙话。

十六日，往牛岾看役。

十八日，乍雨乍晴。近来连雨，停役不齐，可叹。以念日读经事，越来池洞，闵廷桀来。

二十日，晴。子时读玉枢经于小家，为胜厄也。

二十一日，晴。晓往牛岾。

二十二日，晴。权公伯持酒来大谷，金座首及金子守诸公来会，共破。

二十三日，晴。夕还池洞。

二十四日，晴。赵衡仲、金子守及同知殿来访。

二十五日，午后雨，柳东宪率其妻来见。

二十六日，自去夜大雨大风大雪，终日不开，收耕不利，可叹。

二十七日，晴。亡婿忌辰，行祀，悲叹悲叹。

二十八日，晴。招赵衡叔及金玉成叔主行慰杯。

二十九日，大雨达夜，川渎涨溢，收耕不利，可叹。

十月一日，晴。行茶礼于神主，午后往牛岾。

四日，晴。宋硕美持酒来访。

六日，林监司子慎令公历访于牛岾，乘夕入去府馆。

七日，晴。晓还池洞。

九日，雨。府伯送人报以会话俛仰亭，冒雨往见，醉还。

十日，晴。亭子上梁木手拙，凡裁作绳墨不正，可痛。

十一日，大雪。古可池、李座首兄弟持酒来访牛庄，共醉舍弟家。

十二日，晴。还池洞。

十六日，去夜雨雪，许根自顺天来。

十七日，乍雪。南原太顺极来见而去。

二十日，雨夜大雪没原野。

二十一日，雪。闻府伯内行上衙。

十六日，晴。马应奎、景承郑等为吾开小酌，申佥使同参共欢，夜大雨。

二十八日，晴。柳益源来访。

二十九日，晴。光州族人金洛秋自昌平来叙话，留宿。

十一月一日，晴。闻参奉下来，使任生持粮馔送于中路。

二日，晴。往牛岾，因曹正奴来传，得闻参奉中谒圣乙科第，惊喜之□，□感尤切。即还池洞，光牧亦送书相贺。

三日，晴。金座首来贺，即挽留宿。

四日，晴。午岾三宋开小酌于省吾大厅，邀我甚勤，携敬叔兄往参，玉成叔主、梁士亨皆来会，稳酌。

五日，晴。敬叔兄还大谷，余归池洞坐斋，将以七日行时祀计也。

六日，晴。敬叔兄省吾俱来致斋。朝，府伯自光州南席历访，馈朝饭即还衙。

七日，鸡鸣行祀，悲痛益切，以祭余酒饼送衙，兼问安于府伯，任生自砺山还见。

八日，晴。

九日，午后雨。巡营从事曹臣俊自昌平历访，因与宋进士受益来见，贺其子斗文讲经登第。

十日，晴。罗生自礼山来报，金先达下来消息。

十二日，乍阴乍雨。冬至节参豆粥于神主。

十三日，晴。白善鸣与子慎也，善鸣去世已久，此友又不保顽命独存，谁与共抱，痛泣痛泣。

十四日，晴。还池洞，金敬叔来见。

十五日，终日雨雪。以金郎到门时，往见府伯而还。

十六日，晴。金郎到门日期，尹应武、权公伯来见。

十七日，阴。牛岾江亭土役已毕，木手等会饷。午后雨达夜不止。

十九日，晴。罗都事历见而去。

二十一日，晴。省吾持酒来，同醉。

二十四日，晴。痰喘极重，卧痛。

二十九日，晴。病卧，金郎留府中移下家。

十二月三日，晴。咳嗽，金郎不能交接。

四日，晴。招致大谷诸族，暂行宴，余病重不出，令金郎接待。

七日，晴。行亡夫人忌祭，金郎行。

八日，晴。病卧。

十日，晴。极寒，病卧。

十一日，病卧，金郎行罗州。

十四日，病卧，金郎自罗州还。

十六日，病，郎与任生送于京。

十九日，病卧。

二十三日，病卧。

二十四日，大风，极寒。金郎行荣坟于元晓，酒果设行。

二十五日，大雪。病卧。

二十九日，病卧，大风。

乙丑正月一日，病重，令金郎代行忌祭，悲痛尤极。

四日，晴。邀致亲族饯金郎。

六日，晴。余病极重，差复不易，金郎急于上京，不得已停庆席之设，今日发行向高敞①。

十日，晴。任生还自洛下，得见京书。金郎以□点分手于槐院矣。

十一日，晴。任生持京书进，金郎上去。

十五日，晴。春日极和，心气郁郁，移上客厅调病。

十七日，晴。曹从事及赵衡中、金子守来访。

十九日，晴。风日极和。

二十日，晴。午后大风。

二十二日，朝前大雪，晴。

二十四日，晴。应虎送人进上扇子纸五卷。

二十五日，晴。许仁江、愁奴由往庆州。午后，大风大雷电，天地晦冥，因大雪极其变怪也。

二十六日，午前大雪且风。

二十八日，风日极和。

二十九日，晴。陈舜臣来访。

三十日，晴。兴不得，可叹。

二月一日，晴。风日极和。

三日，晴。申虞侯来访。

四日，晴。欲赏梅，兼举风往南山书堂，果梅花半开，春兴玲珑矣，终日坐赏。夕，任生还自洛下，金郎去月十八日政拜侍讲院②，出得槐院，免新之苦，幸也。

五日，晴。尹应武来访，夕，成丁者至自洛，令番世子册礼，则

① 高敞：位于韩国全罗北道西南部的高敞郡。

② 侍讲院：朝鲜时期负责教育王世子的机构。

赦不用云，然莫重大礼必有大赦也。

初六日，晴。风和景快。

八日，雨夜，大雷电大风。士毅自扶安来访。

九日，晴。昨日乙男为受玉从贡膳，与罗生共往湖西。

十一日，阴霏。玉成及主簿兄饯士毅令公。

十二日，晴。士毅还向扶安。

十三日，朝，雪霏。晚，旸。下吏告目高大监先出来。

十四日，晴。申虞侯来见。

十五日，晴。为送书□，家白米十三石五斗，今日输送于罗州，往还牛岾。

十六日，晴。曹汉宾历访。

十八日，晴。

十九日，晴。为见城伯往还府中。夕，许仁江及愁奴还自庆府婢子处，因染病不受贡。

二十二日，晴。借里中农作军四十余名，运瓦于江亭上。

二十四日，晴。女息为祭其亡夫坟土，承其舅锺城之命，今晚往扶安，李司仆陪行。

二十六日，微雨。柳东记①来见，卜世载送船卜自罗州还。

二十七日，晴。秃奴还自扶安，女息好样行次云。

二十八日，晴。今日乃寒食日，上元晓扫坟，大病之余仅得行祭，午后还家，即往牛岾看地方形地。

三月一日，晴。秃伊山自扶安来报平安。

二日，晴。曹座首克中来访。

四日，晴。庶母生日，□内厅，会酌于客厅。

六日，晴。申虞侯来访。

① 柳东记：为误记，应为“柳东纪”。下同。

七日，晴。往牛岾看成造形止，因上德岩煮花。

十一日，晴。往牛岾，为看溪亭盖瓦之役。

十二日，阴。招郑哥新匠起役。

十三日，阴。吕同知持酒来访，大醉。

十四日，阴。盖瓦未毕役，可恨。

十五日，终日大雨。曹判校克远历访。

十七日，玉成叔主、金座首共来从宿。

十九日，雨不止连日，可叹。

二十日，终日终夜雨。

二十三日，晴。往牛岾，盖瓦毕役。

二十四日，大雨。申虞侯持酒来，共醉。

二十九日，自朝大雨，近来淫霖不开，春事专废，农夫失望莫此甚矣。

四月一日，晴。柳东记叔侄来见，适得一壶酒，共醉。

三日，去夜陨霜，曹判校今日族□还朝，力疾往见，叙别即还。

五日，雨。水玉归礼山，愁伊金、子贵卜牵两马为陪女息之行，送扶安。

六日，乍雨乍晴。乡所金义元、吕应奎等持酒来馈，闻子守公以染疾卧痛者七日云。

七日，晴。朝闻子守今朝化去，不胜惊痛，即送许仁江致慰于金义元，且赙送木二匹。

八日，晴。洞中少年等为开酌。

九日，晴。达奴等为输田税于法圣仓。

十一日，晴。晓送人马于葛岭，迎女息行到。

十二日，晴。舍弟及申虞侯到酌。

十四日，晴。往舍弟德岩亭，川猎归。

十八日，送祭于大谷。

十九日，晴。在家。

二十日，正言高傅川，待权公伯适到，同参。

二十一日，晴。吕同知泓权公伯、朴锦溪入于鄙家。

二十三日，晴。以川腊被舍弟招往牛岾留宿。

二十五日，阴，夕雨。见金说书，书答。

二十九日，晓头大雨下注，终日不开。

五月一日，晴。

四日，晴。申虞侯来访。

五日，路逢骤雨，艰免湿沾。

六日，晴。见朴锦溪答书。

七日，晴。日昨端阳日，农军纵酒。

八日，晴。申虞侯来访。

十日，晴。洞中少年辈行小酌小弟家，夕，乘昏还家。

十一日，申虞侯来访。

十二日，晴。长畓移秧。

十三日，晴。笠冒畓移秧。

十四日，白金畓移秧。

十五日，大雨终日不止，川野沦没，治前反畓。

十六日，晴。成丁、虚叱卜、筑反畓移秧。

十七日，晴。阴桥底畓移秧。

十八日，晴。成丁还洛。

十九日，晴。坐斋，将以明日直行时祀故也。

二十日，晴。厥明行祀，暑热方极。晚德叔主、敬叔兄、申虞侯开酌至醉。

二十一日，雨。玉成叔、敬叔兄留。

二十二日，晴。玉成叔、敬叔兄归。

二十三日，雨终日不开，太种失，可叹。

六月一日，晴。左水使李义培及同年□自府馆历见。

三日，晴。水使留宿后发行昌平。

四日，雷电大雨，川沟泛溢。

七日，晴。洞中年少辈设小酌。

八日，晴。方伯子李敏华去春娶妻于大谷高传霖家矣，与其叔来见。

十日，暂晴。坐斋。

十一日，晴。晓行外妣忌祭。

十三日，晴。堂兄日被招，往还大谷。

十五日，晴。入府中见城伯还。

十七日，晴。城伯与尹监察云衢及山城别将来见，设杯酌叙话而罢。

二十一日，晴。送许仁康于苍桥。

二十二日，晴。仁康还。

二十六日，晴。权宋庾三君持酒来见。

二十七日，晴。近来极昏，还池洞。

二十九日，晴。达奴去税于法圣仓。

七月一日，晴。玉成叔自汝侯禫所来访，仍留话。

三日，极热。朝，携晚德为作会往牛岾。

四日，极热。吕同知来访，终日话，申虞侯追到共酌。

五日，极热。晚德及吕同知归，得见家书封。

七日，极热。荐新稻于神主，柳东记、许埌①等来访。

九日，极热。夕，骤雨大至。

十一日，极热。昏，闻省吾遭其妻母服，即往牛岾。

十二日，极热。晓头，省吾为见妻家，即往古阜，即还。

---

① 许埌：《竹溪集》中有“许埌”和“许根”两种说法，经查，此处为误记，应为“许根”。

十三日，极热。骤雨，锄者乐，久旱幸幸。省吾自古阜还，玉果太守历访。

十四日，亢炎。朝，□成服，余即还池洞。

十五日，阴。东记①来款。

十六日，晴。鞠副尧来传京书，说本家尚无恙，权公伯以公荐得拜康陵参奉。

十八日，夜，骤雨大至，达夜不止。久旱得雨，禾谷发穗，无虑，可幸。

二十日，晴。往牛岾。

二十一日，晴。任生、虚叱卜等上京。

二十二日，亢炎。权公伯来告别。

二十三日，雨终日不开。

二十八日，乍雨。夕，李檿至家，细闻汝宾令公消息。

三十日，晴。郑比安、景达历见，明日将行时祀，坐斋。金座首、敬叔兄亦为来到，叙话共宿。

八月一日，去夜雨，至朝连注，行祭非便，故已待雨暂晴行祀。午后，玉成叔来参福。

二日，晴。宋座首再期送奴消息。

三日，乍雨乍晴。郑惟进来访。

四日，去夜大雨，连朝不开。午后，子守来访，与曹江西叙话终日。

五日，晴。为修装江亭，奴辈赴山役。

六日，晴。晓头，扫坟兼看山役。

七日，晴。申虞侯持秋露来访。

八日，晴。梁麻、田贵生罢还，传致金郎书封。

① 东记：为误记，应为“东纪”。

九日，晴。夕，任生自京还，见金郎书，□近翰苑云。

十五日，晴。上元晓行墓祭，往省吾家矣。南原府使高善行送书相问。

十七日，晴。权参奉公伯来访，开小酌，从容叙话。

十九日，阴且微雨。李奉事逸民将持酒来访。

二十日，夜雨至朝如注，畓谷尽沉，可叹。

二十二日，晴。申虞侯来访。

二十三日，晴。为公伯大夫人嘉辰备送酒饼。

二十五日，晴。坐斋。

二十六日，晓头行祭，悲痛。省吾持酒来访。

二十八日，往牛岾看役。

九月一日，申虞侯持酒来访。

二日，晴，午后骤雨。淳昌□到俛仰亭，邀见罗都事共酌。

四日，晴。往牛岾。

五日，晴。李敏华来见，夕还池洞。

七日，晴。石底金参奉与其郎为见金子守破殡。

八日，晴。午后，往奠金子守葬所，此人虽曰六寸表弟，自少长于吾家，及老大每相从游，今作永诀，悲痛奈何！

九日，晴。石底金参奉自子守葬所来到。

十日，晴。今日乃亡亲生辰，奠后与金参奉共酌。

十一日，晴。往牛岾看役。申虞侯来访，开酌。

十三日，晴。往牛岾看役。

十七日，夜雨如注。

十九日，晴。终日困醒卧。

二十一日，大雨终日下注。

二十二日，晴。往牛岾看役还。

二十三日，晴。玉川太守答书。

二十四，晴。往牛岾看役，留宿。

二十五日，雨下终日，夕还。

二十六日，晴。恩卜自洛来见。

二十九日，晴。马应奎来见。

三十日，晴。闵廷圣持酒来见叙话。

十月一日，晴。晓，往牛岾看役。夕，永男自礼山到，闻女息以七月解胎云。

二日，晴。大谷莫世自安边还，春玉捉来，虚叱卜则称疾落后于京云。

三日，雨晴。木手等未毕役。

四日，晴。光山牛岾奇象献，权跻安来见。

五月，晴。永男往礼山。

七日，晴。夜雨下如注，大雷电风，天地晦冥，咫尺不辨，极怪也。

十日，晴。石底金参奉与子龙叔来访。

十一日，晴。舍弟为设泡，作川游。

十二日，晴。晚德叔来，得酒肴共酌至醉。

十三日，晴。金参奉归，李敏华来见。

十四日，朝，往三流亭看役矣。午后大雨下注，未毕涂壁，夕还。

十七日，晴。尹应武、权公伯、崔男得父子、全景鸾等各持酒来留宿，往新亭登览。

十八日，自晓雨下，终日不开。乙男自礼山归，闻李希曾停行，独入洛。

二十日，晴。恩卜与任生、今从等载卜物还洛。

二十四日，晴。牛岾新亭有相会之事，一家大小皆会，夕还。

二十八日，大风雪。

二十九日，晴。方士令忠孝称名者来见。

三十日，晴。上元晓扫坟，还宿牛岾。

十一月一日，阴霖。留牛岾。

二日，晴。全公自今日向长城，因往扶安。

三日，晴。夕，牛岾注叱世还自礼山。

六日，晴。还池洞，李尚温持□来投宿牛岾舍弟家。

十日，阴。淳昌居尹孝宇及权参奉公伯来访，得一壶酒大醉，尹权留宿。

十一日，晴。权尹两公归。

十二日，晴。行时祀，以病未参。

十五日，晴。内厅往舍弟家。

十八日，晴。申虞侯持酒来。

十九日，晴。内厅自舍弟家还。

二十日，玉成叔主与主簿来访，终日叙话，共宿。

二十一日，玉成叔主归，任生自京来见。

二十三日，极寒，大雪。

二十七日，晚德与吕同知来见。

二十八日，玉果太守历访。

二十九日，晴。南原府使送书相问，即送答。午后李尚温持酒来访。

（以下内容缺失）

丙寅正月一日，晴。与舍弟共上元晓扫坟还。

二日，晴。罗都事来见。

三日，晴。待贺客。

四日，晴。待贺客。

七日，晴。待贺客。

八日，晴。春气大发。

九日，淳昌卒来竹亭，过饮泥醉。

十五日，晴。宋汝仁兄弟来访馈酒。

十八日，晴。舍弟往顺天。

十九日，晴。招宋汝仁兄弟作艾汤于江亭，还池洞。

二十三日，晴。金致慎来见，闻启阑宫以今月十四日升遐。

二十六日，晴。极寒，不赴亭修装役。

二十七日，命元自长兴还。

二十九日，大风大雪。邀府伯及淳昌、玉果、长城、光州五太守及赵衡仲、罗都事诸公开酌娱游，诸公醉困到宿。

二月一日，晴。朝后，淳昌、玉光长四太守及罗都事罢归，府伯因醉未发，而午后罢归。

三日，晴。文卜、吉男自礼山到，梦伊自京还，得见翰林家书。

四日，晴。是乃释奠祭，日和。

五日，晴。梁麻、田贵生赴洛来。

六日，玉成叔主来。

七日，晴。往江亭留。

十二日，晴。修装木手等送归，余还池洞。

十三日，晴。申虞侯来，舍弟初产。

二十三日，晴。与肃川夫人及金座首内宅共登三流亭。

二十四日，晴。为筑亭垣，招池洞负军运石。

二十五日，晴。新里人负石。

二十六日，晴。还池洞。

二十八日，阴。府吏告目参礼，察访据监司移关，本府奴命元移囚全州云，是可闷也。

三十日，晴。命元则上京，使命孙先往全州现身，待其还送之计。

三月三日，晴。奠于神主，与柳东记同席醉话。

七日，晴。秃奴仰壁作役。

九日，晴。上元晓行扫坟祭。

十三日，晴。起江亭墙役，往牛庄。

二十日，晴。往江亭看石役。

二十二日，晴。田福上京，修书送翰林家。

二十四日，晴。府伯还自洛下，得见送人。

二十五日，晴。朝来有不便事，往牛庄。

二十六日，晴。罗都事酒馔来邀。

四月一日，晴。柳东记来话。

五日，晴。邻酒来馈。

七日，晴。曹汉宾来见。

十三日，晴。舍弟与三宋来。

十五日，晴。家儿之病犹前，可闷。

十七日，家儿之病自是似差，间日疟也。

十八日，晴。儿病又作，必是气疟，闷虑。

十九日，晴。李时望来谢。

二十日，晴。是日，乃两祖忌辰。

五月一日，晴。若雨不雨。

二日，晴。田家渴望。

四日，晴。内病受针。

六日，晴。曹判校还乡，使人相问。

八日，暂雨还晴。亢旱，种不入土。

九日，晴。晚德及柳东记共醉叙话。

十日，晴。曹判校具酒馔来，终日醉话。

十三日，晴。吕同知来访。

十五日，晴。昌平吏来谒。

十八日，晴。堂兄来访。

十九日，晴。晚德叔主来馈酒，权公伯亦来访。

二十二日，晴。宋淑历访。

二十三日，暂骤雨浥尘。

二十七日，晴。金安城供酒来。

三十日，晴。打麦。

六月一日，乍雨。久旱失望，可叹。

五日，终日雨。权公伯宋慎之来见。

六日，终日雨。满野移秧。

九日，晴。香相畓移秧。

十一日，晴。每作畓移秧。

十五日，晴。又有旱征。

十七日，晴。极热，往江亭。

十八日，留江亭。

十九日，留江亭。

二十日，旱热。夕还池洞。

二十一日，晴。朝往江亭。

二十二日，终日雨。朝还池洞。

二十八日，晴。见府伯书，而答书期会于亭上。

二十九日，旱。往三流亭，与淳昌卒会于亭上，及晚德、肃川开酌，终日咏桂花。

闰六月一日，晴。食后诸客各归。

五日，晴。午后乍骤雨，未洽耘者乐。

九日，晴。往江亭还。

十三日，旱雨得，可幸。

十五日，晴。晚骤雨。

十九日，终日大雨，川水稍涨。

二十日，午后，曹敬差自长城历宿。

二十日，晴。晓，骤雨大至。

二十四日，晴。夕还池洞。

二十六日，新刈新稻。

三十日，曹敬善上洛送相别书，答书以送，且寄金郎书。

七月一日，晴。荐新稻于神主。

六日，骤雨大至，省吾为川游往还。

八日，晴。极热，江陵使至，郑士朝送书馈鳆，数千里情问极感。

十四日，晴。柳东记来访，往亭上宿。

十七日，吕同知来访。

十八日，晴。夕还池洞。

二十二日，晴。金致慎来访。

二十五日，木手来造一间。

二十六日，晴。往江亭监役，夕还。

二十七日，晴。往江亭监役，留宿于弟家。

二十八日，晴。还池洞。

八月四日，往江亭，留亭上。

五日，晴。留亭上。

六日，晴。还池洞。

七日，晴。有时祀，坐斋。

八日，晴。质明行祀，堂兄来助祭。

九日，晴。往江亭看壁役。

十日，留看沙壁役。

十一日，晴。留看壁役。

十二日，晴。壁役毕，明有忌祀，还池洞。

十三日，晓头行祀，忆古悲痛。

十五日，阴。上元晓扫坟后，因往大谷，夕归。

十六日，阴。往亭上留宿。

十九日，晴。还池洞。

（以下内容缺失）

丁卯正月一日，晴。里有疫气，拘于俗忌，遂停忌祀，悲痛奈何。

二日，晴。贺客多集，始力疾，坐外厅。

九日，晴。景承郑免丧，设酌于家，不得已自亭上归家。

十五日，阴。里中无疫气，暂行昔奠于神主。

十六日，晴。奴辈为劈板，始赴役于康津寺山麓。

十七日，晴。宋性美自京来传正言书。

十九日，李弘祐来见，送奴于长兴，致吊于金主簿家。

二十一日，晴。奴贼来犯西境，移关点军，极为搔扰。罗都事来见，奴贼声息似缓。

二十五日，大风。朝，奴子自康津还。

二十七日，晴。往江亭，高君涉欲与我同行，来宿于李㙺家。

二十八日，晴。历府中，宿正角山。

二十九日，晴。早发，朝饭于保坪。夕宿于古县内人家，夜，大风且雨。

二月一日，大风且雪。不得已入东池□，因得大病，达夜呻吟。

二日，晴。抹马于金沟县，夕宿于全州君涉奴家。

四日，晴。宿砺山，今晓早发，朝饭于恩津。

五日，晴。夕，迎拜东殿，宿尼山左相申钦。

六日，晴。宿砺山马应奎。

七日，与高君宿参礼驿。

八日，雨。湿达夜行抵完府。

九日，晴。留完府。

十日，留完府。

十一日，晴。宰臣及曾经侍从，扈从者自东殿引见，慰谕勤款，辞退。

十二日，乍雨乍晴。发行，投宿泰仁云住寺。

十三日，冒大雨由山谷上下，投宿龙泉寺。

十四日，晴。历见府伯，夕还家，正言妻自高敞到，父子□，悲喜可堪。

十六日，晴。闻府伯领军向全州，到堡坪闻罢职奇郎为还云。

二十七日，晴。昨日正言妻即还高敞，为避疫气也。

十八日，雨。冒雨入府饯旧官。

二十日，旧官尹天衢以世乱之故不还故山，姑向淳昌境内，因留。

二十二日，晴。新府伯赵希逸上任，送书相问矣。

二十三日，晴。朝往牛岾，入府见新伯，留宿共枕。

二十四日，朝，大雨，冒雨出归。

二十六日，晴。号召从事金郎自昌平到，闻淳昌到府反库。

二十七日，夕，暂霏，留宿。

二十八日，晴。从事官登三流亭向长城。

二十九日，晴。奴辈输田税往法圣仓。

三月一日，晴。总戎使李曙关子李希曾受由下归妻家，令因次知①上送云。

二日，晴。奴辈自法圣还乡。

四日，晴。往牛岾举酌。

六日，晴。江亭留。

八日，晴。在亭上。

九日，晴。在亭上。

十日，晴。夕，闻东殿自完山不意西上，达夜治行向完山。

十一日，晴。食后发行，抹马于犊峙，逢赵衡仲、罗秀夫，共宿云住寺。

十二日，晴。夕抵完山，即拜左相及沈学而、李命后诸相。

十三日，晴。扈从东宫，宿砺山。

---

① 次知：管理王族或高官家务的人员。

十四日，晴。拜送东宫于皇华亭，余与高君涉病，不能辞归。

十五日，晴。宿金沟县内。

十六日，晴。宿社仓，历拜府伯还家。夕，往亭上。

十九日，晴。府伯与柳东辉①士明来登亭上，府伯乘昏还衙。

二十日，晴。在亭上，士明乘醉不告而去。

二十一日，晴。在亭上。

二十四日，晴。还池洞。

四月四日，晴。正言妻自高敞到亭下，池洞一家来会。

五日，晴。昌平太守历访于亭上，高君涉来访，共醉。

八日，晴。闻池洞疫气炽发，自此绝意往来。

十一日，晴。乡所等及申虞侯来会。

十三日，闻大驾还都云。

十六日，晴。正言自京到月山②。李把总父子持酒来访，留宿。

十七日，雨。李把总归。

十八日，雨。川水大涨。

二十日，雨。今日乃两祖忌辰，以疫废祭，悲慕奈何。

二十四日，雨。梁士健来访，留宿。

二十五日，雨。士健冒雨归。

二十六日，晴。正言有移去高敞之计。

二十九日，雨。正言还寓。

五月一日，雨。正言妻胸腹痛，颇苦，极闷。

五日，晴。闻大妃殿、中殿、东殿今日还都云。

六日，晴。正言妻病稍有向苏之势。

八日，晴。正言率一家还去高敞柳士明家。

---

① 柳东辉（1575—?）：字士明，朝鲜中期文臣，曾任义禁府都事等官职。

② 月山：韩国全罗北道高敞郡月山里。

九日，晴。人马自高敞还，行次无事云。

十一日，晴。淳昌太守送书相问。

十二日，雨。恩卜为问安。

十三日，晴。还池洞。

十五日，阴晴。玉果太守送书相问。

十八日，晴，极热。吴添庆①来见，因携松江亭上。

十九日，晴。桥下畓移秧。

二十二日，晴。金同知殿②来访，留宿而去。

二十四日，雨。士毅令自扶安冒雨来访。

三十日，大雨。

六月一日，晴。士毅归，历高敞访问云。

五日，雨。见高敞书，正言一家时无事云。

十日，晴，极热。

十五晴，极热，与洞少川猎避暑。

十八日，骤雨终日下注，恩卜来见正言书。

二十三日，往亭上。

二十五日，灵光卒郑良弼以都会试官到府历访。

二十六日，送奴于高敞、灵光来访。

二十七日，骤雨大至，金郎自高敞到亭上。

二十八日，乍雨乍晴。昨与今日俱是国忌，不得开场，都会试官等留在云。

七月一日，晴。罗州、灵光、光山三守令自府馆共辔亭上，终日开酌。

二日，晴。午还池洞。

---

① 吴添庆（1603—?）：字善征，朝鲜中期文臣，曾任承文院权知等官职。

② 金同知殿：金殿（1599—?），字子巩，朝鲜中期文臣，曾任通德郎等官职。

七日，晴。晓起，为见府伯往府中。

八日，晴。灵光宋富琳兄弟来见。

十日，晴。高君涉来见叙话。

十一日，公伯持酒来见，留宿而去。

十四日，晴。还池洞。

十七日，晴。善行令公为觐其三寸叔母也。

十八日，晴。老热令人难堪。

二十日，恩卜高敞还。

二十二日，晴。高灵善高、善行令公自潭府到亭上。

二十三日，乍雨乍晴。还池洞。

二十六日，终日大雨。不得已留。

二十七日，晴。与正言及柳参奉、茂长太守吴暹供具矣，太守来相接话。

二十九日，晴。晚发，抹马于熊峙里人家，投宿于牛岩店舍。

八月一日，早发，朝饭于李时望家，历见府伯，冒雨还家。

三日，晴。往江亭。

四日，晴。下人馈新饭。

五日，晴。朝还池洞。

七日，晴。洞人进酌，馔品甚佳。

九日，晴。改造马厩。

十二日，晴。官府为沐发于维谷椒井①，无事上去云。

十三日，晴。此日亡妻忌日，悲痛何极！

十四日，晴。往见府伯于椒井。

十五日，上元晓扫坟。

十七日，晴。改造侧廊及砧舍。

---

① 椒井：位于韩国忠清北道青原区内秀邑椒井里的药水井。

十九日，晴。光山族金成辂来访，往亭上共宿。

二十日，晴。金公归，余留亭上。

二十一日，晴。还池洞。

二十四日，晴。坐斋。

二十五日，坐斋。

二十六日，晓，来得行祀，老来思亲益切，悲慕难堪。聚洞人二十余人馈饭。

九月一日，晴。以播牟秋耕事，送马应奎、乙男于茂长高田。

二日，雨。宋檣来见，约同避乱事。

三日，阴。与府伯有约于书院，川府伯不到，余与省吾空返，历见申虞侯。

四日，雨。今日更约会话，而雨势不止，府伯之行想停止固也。

五日，金座首来见。

八日，晴。高君涉来宿。

九日，晴。君涉归。

十日，晴。行茶礼于神主。

十五日，晴。省吾留宿。

十六日，晴。林典籍得悦，邀我参庆席，又送郑汉，招之勤勤，许以往参，夕还池洞。

十八日，晴。往林得悦庆席，历见昌平太守。朝饭与府伯及玉果卒、光山卒同参，夕宿于金殿家。

十九日，晴。朝食后历梨峙，问病于金别坐，公累年重病，今又患中风，方在死生间相见，悲欢而已。由大谷还家，则家中闻洛中切友李振威德言历访空家，朝饭伫待而去云，恨未相见，马应奎等昨自高田还，牟耕不利。

二十一日，晴。金致慎、金大显来访。

二十一日，晴。景阳察访李值来访，正言自安东来。

二十三日，晴。马应奎赴三日场市，归路饮酒于省吾家，乘昏独返，到花木亭上长畓下投水而死矣，达夜不归，晓来其所骑马独来，始觉其荒唐，令人疾走，推之则沉水□□死矣，人间惨痛之事，孰加于此。

二十四日，晴。以马公之死悲痛度日。

二十五日，晴。府伯与李振威到俛仰亭，招勤恳，不得已往见，终日叙话。

二十六日，晴。马丧成服，悲痛悲痛！丁酉避乱，妻子保全，筮仕后，京洛往返皆靠此人，有功一家无与比伦，此人之死实天丧予悲痛。

二十七日，晴而暖。

二十八日，晴。尹应武、权公伯持酒来访，敬叔同参。

二十九日，晴。应武公伯留宿归，士毅自扶安来。

三十日，晴。为士毅还池洞，花木亭下相值，共留亭上，大醉终日。

十月一日，晴。终日困，醒还池洞。

二日，晴。是乃先妣生辰，暂行小奠。

三日，晴。恩卜自高敞来。

四日，晴。士毅令公归。

五日，晴。恩卜归高敞。

七日，省吾设泡往参，还池洞。

十日，晴。宋信之来访。

十一日，晴。闻曹骊州克远定配河东，历故乡，昨到其家携壶往见叙别，醉还。

十二日，晴。困醒卧吟。

十四日，朝阴。权金两君午后归。

十六日，晴。乙男以事往灵光、黄龙。

十七日，晴。往牛岵参省吾软泡，终日气甚不平。

十八日，晴。还池洞，乙男归，鱼物负来。

十九日，晴。淳昌送人相问。

二十日，晴。送薄□于衙上。

二十二日，晴。赵衡仲来访。

二十六日，阴。送人马于高敞。

二十八日，晴。闻正言一家今日到牛岵，即往见。

三十日，乍晴，夜大雨。金同知殿来访，即招之夜酌。

十一月一日，金同知向石堡，余还池洞。

九日，姜元吉自湖西来。

十一日，晴。行婚礼邀客，高君涉、罗秀夫等来参。

十四日，晴。宋座首置酒恳邀，不得已往参。

十七日，晴。吉□省吾家设软泡，恳邀往参。

二十日，晴。持酒往劝省吾。

二十一日，晴。省吾初度置酒，往参，夕还。

二十二日，晴。近来夫人之病极重，渐无生道，闷泣罔措。

二十八日，晴。以反库事往还牛岵，无面之谷，多至二十余石见偷，可叹。

二十九日，晴。宋富琳来见石堡，金别坐去夜捐世讣音来，悲痛！

三十日，晴。送赙木于石堡丧所，余以病患未即奔哭，尤极悲叹。

（以下内容缺失）

戊辰正月四日，重得伤寒，长在废病，痛卧中未得把笔，不省晴阴，遂致缺录。而大概自二月至三月，淫雨无常，麦失时。

四月十日，晴。近来久雨，恐妨农事。

十一日，晴。家儿以读书传事送其妻家。

十五日，晴。奴辈为输税次往黄龙，因下荣山。

十六日，晴。近来旱气太甚，不能播种。

十八日，晴。往川游，投宿于宋座首家，子迁儿自泥村来，闻高善行令公差冬至使，将以晦间上洛治行。

十九日，晴。坐斋。

二十日，晴。晓行忌祀。

二十一日，旱热太甚，作川游于松江亭上。

二十二日，景阳察访来访。

二十三日，大旱。

二十六日，见京书，校理一家尚无恙。

二十八日，晓头微雨，浥尘而已。

二十九日，晴。朝往亭上，因留在。

五月二日，晴。还池洞。

七日，寿儿自竹山还，得见京书。

八日，晴。势似恒雨，柴草可虑。

十日，晴。兴德县监金霱①历访。

十三日，见城伯往还府中，肃川以不赴海军，安州定配，可叹。

十九日，雨。晓往亭上留。

二十一日，大雨，川水加涨，晚晴。

二十二日，晴。还池洞。

二十四日，晴。家儿闻其妻母病重，往其妻家。

二十六日，古阜②郡守安复善送书相问，惠以鱼饼。

二十七日，晴。昌平太守送书相问，且致扇柄。

二十八日，西南风大作，急雨如注，折木拔屋，天地晦冥，俄而开霁风定，人皆谓龙移去也。

二十九日，曹吕州来访。

---

① 金霱（1594—?）：字云瑞，号梅沙，朝鲜中期文臣，曾任承政院承旨等。

② 古阜：现为韩国全罗北道古阜面。

六月一日，晚晴。景承郑设泡馈肃川。

三日，晴。往亭上避暑。

四日，晴。留亭上，三宋为饯肃川川猎。

五日，晴。洞人强邀，不得已还池洞。

六日，晴。似有初夏旱气。

七日，晴。肃川发西行，往别，不堪依依。

九日，极热，有旱征，不可食。

十日，晴，极热，午后有骤雨。明有外妣忌祀，坐斋。

十一日，鸡晓奉神主，移坐厅事行祀，食后往亭上。

十三日，旱热。光山卒送书相问，昌平卒到亭上，终日叙话。

十四日，旱热。闻昌平殿最居上送人致贺。

十五日，潭阳府伯、光山太守曹骊州、林康津及府伯子婿共会，作流头会于亭上，仍同宿，夜月稳话，幸也。

十六日，早朝诸客散归。

十八日，朝，骤雨大至，久旱得此一霈，农家颇有兴。

二十日，为过明日祖母忌祀，还池洞。午后，昌平太守送人来言今日发行，路由亭下历别云。不得即驰到亭上，邀馈夕食后，府伯为饯昌平，不意又来到，迎拜叙话，垂昏告以明日乃祖母忌祀，他无行祭，子孙留客，弃去极为未安，出于不得已辞归云云。来宿池洞，晓行祀事后，即驰往亭上，日未曙矣。

二十一日，极热。朝饭对馈后，昌平北去，府伯还衙，余有所事即还池洞。

二十三日，极热。奴辈太田除草。

二十四日，极热。夕往亭上留宿。

二十六日，朝还池洞。夕，骤雨。

二十七日，寿儿为至□开月初十禫事，向竹山见金郎。初十日，政复除副修撰。女息患眼疾，极苦云，闷虑。

七月一日，荐新稻于神主。乍雨乍开，旱征也。

四日，极热，有读自京持书封来。

六日，旱。酷热甚，人不能堪。与光山卒有约于风咏亭，将以明晓赴会。昏，自光山来报退行于初旬，问将以停行，极幸也。

七日，极热大旱，有读还洛，付书封。

九日，亢热。有读者留不发，今日始发云。

十日，亢热。骤雨大至，久旱得雨，苗可秀矣。

十一日，极热。与光山卒、本府伯有约于环碧堂。早朝驰赴，乘昏归，困莫甚焉。郑舍人子容始相面叙，午后骤雨大至，农家极喜极喜。

十二日，肃川自京免罚还来，可幸。

十七日，朝入府见城伯，仍请以念二日会临亭上。

二十二日，晴。城伯景阳察访自光山到亭上，开酌叙话，夕罢归。

二十三日，夕还池洞。

二十六日，晴。府伯解归，入见叙别。

二十七日，朝雨晚晴。龙泉山人大能来见。

三十日，晴。曹正字燧①历见。

八月二日，雨。与金百镒共往三流亭留宿。

三日，乍雨乍晴。金公相新基论定，食后去。

四日，晴。还池洞，仇伯纳校理家书乃前月十六日出也，缓慢可痛。

六日，晴。权公伯持酒来访，留宿而去。

七日，晴。内外俱登俛仰，被宋座首请也。

八日，晴。坐斋，行时祀于明日也。

九日，阴。是夜大雨，达夜不止。

---

① 曹正字燧：曹燧，朝鲜后期文臣曹禧奎（1830—1877）的高祖，其余不详。

十日，平明雨犹不止，冒雨行祭，艰窘莫甚。万寿行冠礼，招洞宾，午后举酌，远客以雨不到。

十一日，晴。金记南等来见。

十二日，晴。宋璧妻为过其母忌祀，备祭物。

十三日，晴。晓行忌祀。

十四日，郑舍人子容始来宿。

十五日，晴。舍人为扫坟向元晓，金以臂痛不能行，送子与万寿代奠，祭物弟家备去。

十六日，晴。罗州侄甥李弘俊来见。

十七日，晴。肃川共往三流亭。

十八日，晴。李弘俊归。夕，朴进士忠廉来访，自亭还池洞。

十九日，晴。朴进士归。

二十四日，终日雨，刈稻不利。

二十五日，终日雨，坐斋。

二十六日，达夜大雨，晓头冒雨行祭，心思极悲怆，不觉失声痛哭，可怜可怜。

二十七，晴。夕，邀高掌令于大谷，因见堂兄而日暮即还。

九月四日，晴。宋璧率其妻往礼山农舍。

六日，乍雨乍晴。乡中新入礼行于肃川厅事。

七日，晴。应武公伯留宿而去。

十一日，晴。家内与宋座首内宅明日共赏三流亭。昏，往牛岾。

十二日，晴。新府伯灖上任，松男来纳京书，校理方在御史治装。

十四日，晴。还池洞，新府伯送人问安且传京书。

十五日，晴。送币米于白发契有司。

十六日，阴。朝入见新府伯，兼见其子兴阳、太守黄㞑，从容开话，向晚出归。

十七日，晴。兴阳来赏三流亭，余朝往夕还。

十八日，向晚，暂雨还止。秃奴昨以婚期送锦城罗正郎家。

二十一日，晴。老病日新，又患痢，可痛。

二十三日，终日雨下。两大畓刈禾尽漂，家事不幸。

二十四日，雨。胜眷自京来，得闻校理家消息。

二十五日，晴。尹之阳、崔海氏家设白髮契宴，与肃川力疾往参，乘暮投宿月山李座首家。

二十六日，朝雨晚晴。主家招僧设泡，乘夕归。

二十七日，晴。是乃亡婿忌辰，令孙儿行祭，悲痛。

十月二日，晴。茶礼于神主。夕闻府伯自石堡到亭上，即为往见，奴婢辈继至，备进夕食，因留宿。

三日，晴。府伯试射十五巡，乘夕入归，余留亭上。

五日，雨且风。堂兄三岁宿疾之余，今日去世，夕闻讣，即欲奔哭治丧，大风忽作，折木拔屋，不得作行，跨马还停，达夜悲痛而已。

六日，雨风亦不止，朝到池洞暂憩。向晚，与子往哭大谷丧，次家计大败，治丧之具反不如常人，悲叹奈何！门中数三人相会治丧。

七日，雨雪大作，以此治棺不得如意。

八日，仅治棺具，大殓才毕，余气塞不能运身，成服祭似在昏时，故不得已辞归。

九日，晴。家儿往其妻家。

十三日，晴。秃奴陪来，校理牵马上洛。

十四日，晴。奴辈始覆两牟。

十七日，晴。昌平太守来访。

十九日，晴。闻潭阳光山践约于亭上，有措置事，夕往亭上。

二十一日，晴。府伯光山自昌平宴，为争鹄乘夕来宿。

二十二日，晴。午后，光山及府伯相继罢归，余乘夕还池洞。

二十三日，晴。司马斋设泡于亭上，凡具不齐。

二十七日，晴。有问事，晚寿往朴廷麟家。

三十日，府伯与兴阳设嘉酌，再三招之，不得已暂往参还。

十一月一日，晴。许奴以婚期退定事，送罗州。

二日，晴。许奴还。

六日，晴。朝往亭上，午后，秃奴自京还，闻京中消息。

七日，晚寿为过其祖母忌，往扶安。

八日，晴。德上自古阜还。

十日，晴。德上以婚期追定事，往罗州。

十一日，晴。相地郑匡弼来泛铁于亭下，舍基以庚坐甲向定宅则好矣云。

十六日，晴。金百镒来宿江亭。昏，先送晚寿伴宿，余乘晓往见作计。

十七日，晴。金公归，肃川今日黜送其恶妾。

十八日，冬至奠杯于神主。

二十一日，晴。罗正郎送人问国统事。

二十三日，寒甚。宋璧与妻归自礼山。

二十六日，温而晴。晚寿为娶妇，今日与肃川投宿罗州伏岩，明日乃婚日也。

二十九日，晴。晚寿无事，是幸也。

（以下内容缺失）

己巳正月一日，晓行忌祀，独身奉奠，无人读祝。自今年废祝，念及上年共舍弟修祀事，悲痛难堪。将往坟山行扫奠，大雪大风，山径尽没，咫尺难通，停行，尤极悲痛。

三日，晴。往亭上。

七日，大雪且雨。修改亭房，即还池洞。

八日，雪且雨，稍晚晴。为拜祠庙兼看木役，往大谷留宿，六行堂板材则金汝麟家后伐取矣。

九日，晴。奴辈引钜板子。

十日，晴。板子十立移积于六行堂，还池洞。

十五日，晴。行节奠于神主。

十七日，晴。往亭上。

二十日，罗州李泓俊将以念五向海西，愿捧京书，即修送。

二十一日，晴。还池洞。

二十三日，景阳察访李植历访，晚寿自扶安到。

二十五日，晴。金公百镒乘昏来宿。

二十六日，晴。率金公往见莓山祖父母坟山，乙坐之原，金公云此极恶，祸败大至，急急改葬。次见大喜寺夫人坟墓，艮坐之原，主客龙虎，天作极佳云，但避用艮则用之甚好而已无及云。次见元晓父母坟墓，辛坐之原，主山及龙虎天作，虽有乙水不为直冲于明堂，亥水则墓后暂补出不见则好，何必改葬乎？所见与朴廷麟似异，舍弟葬山，其前妻墓侧，乾坐之原，无害不别求他，定用于此处云。日暮，上寺夕食已黄昏矣，金公明日又为人所挽，将向淳昌，不得已冒雨归池洞。

二十七日，晴。祖父母改葬定行于今年令择日，则金公曰："令监为主丧，已巳年己巳月破塚，大为犯忌，决不可为之云云。"则心其缺然而势，果如此，不得已停止，此必子孙不保之几也，痛叹奈何。金公为杨汝适所挽，往淳昌。

三十日，晴。是乃我初度，上年夫人去世，哭泣以过，今年又遭同年之变，悲痛度日，一家无心进酌，寂寞送之，莫非余罪殃所致？奈何！

二月一日，晴。行禫祀于夫人几筵，掇朝夕上食，悲痛。宋子真内外持盛馔来馈，邀晚德叔主同参。

二日，晴。金百镒自淳昌到，即馈朝饭，金公向亡弟殡厅。

三日，去夜雪，终日阴且雪。修京书，使有读传送。金光爀自高敞来见。

四日，终日大雪。女息初昏自扶安冒雪来。

五日，去夜大雪，没山野。金光爀归。

六日，极寒乍晴。为见亡弟外棺，山役往还元晓。

七日，晴。闻高善行除吉州，上京送书相问。

八日，晴。以看役事，上元晓，今日劈板毕役。

九日，晴。终日看木手役，当夕闻高吉州到李民华家，往见叙别，乘昏还池洞。

十一日，晴。宋璧妻今日去世，悲怜。

十二日，晴。乙男为捉买得奴婢往顺天，今日亡弟外棺毕役，木手等下来。

十五日，晴。参望奠于牛岾丧次，为行明日开土祭，与柳郎上元晓。

十六日，晴。罗秀夫昨夕来山直家同宿，今早与我共参开土祭，郭德守为献官，尤极悲叹！役夫率解石即赴役，夕，余有故还家。

十七日，晴。宋斗文所传直讲书封，见之贫病极矣。

十八日，晴。申虞侯来见。

十九日，晴。买得奴道乞现身，送府狱囚之。

二十日，晴。鸡初鸣，率奴辈上元晓开金井，赴役始穿圹。

二十三日，晴。食后往牛岾，点检明日破殡诸事。

二十四日，晴。黎明行启殡祭，动柩则不为。午前雨作，终日不开，□客檐下。向昏，雨势乃止，星斗灿烂，极可幸也。

二十五日，鸡初鸣，动柩发引，辰初到元晓，整诸具，辰巽时下棺，同气一枝，今日入地可觐亡亲于九泉，惟□头顽喘独存人世，悲呼痛哭，幽明永属，徒为罔极耳。当夕题神主，使孙益成与郭德守留监封墓，即返魂于牛岾。日已暮矣，行初虞祭后，余气甚不平，乘昏还池洞。

二十六日，晴，大风大雪。朝见京书，恐有西虞邀我，愿送牛马向晚府，使禹继舜，上京付送京书。

二十七日，寒风连吹，咳嗽痰喘，连夜极苦，恐是情伤闷极，郑比安经宿而去。

二十八日，晴。郭德守始辞去，昨夕秃奴往黄龙，分给田税，春正而来。

二十九日，晴。输税法圣仓，往牛岾，舍弟斗给税米。

三十日，晴。行亡弟卒哭，使晚寿往监埋魂魄。

三月三日，晴。行茶礼于神主。

六日，晴。宋座首持酒来见。

七日，晴。往亭上。

八日，雨。晚寿往扶安。

九日，晴。留亭上，愁奴自松京还纳京书。

十日，留亭上。

十一日，晴。为过明日寒食祀事，还池洞。

十二日，雨终日不开，未得上塚，悲叹。

十三日，晴。是日乃清明，一家内外共登元晓，拜扫牛岾，二孀亦同上新阡，尤不堪悲痛。

十四日，晴。晚寿自扶安到。

十五日，晴。朝往亭上。

十六日，晴。向晚还池洞。

十七日，晴。往亭上。

十八日，晴。留亭上。

十九日，晴。留亭上。

二十日，晴。留亭上。

二十一日，晴。留亭上。

二十二日，微雨。留亭上。

二十三日，晴。留亭上。

二十四日，晴。留亭上。

二十五日，晴。留亭上。

二十六日，晴。还池洞，郑比安来访。

二十七日，晴。府伯为行春来访，点心后去。

二十八日，晴。入府中回谢，府伯晚归锜谷婿家相话，夕还。

二十九日，晴。柳益清来见，昨愁奴牵牛上京付书。

四月一日，女辈行朔奠于夫人几筵。

六日，晴。昌平卒自京还，送传李希曾家书。

六日，晴。尹应武持酒来，开酌叙话。

十一日，晴。往亭上。

十七日，晴。愁奴自京昨夕来报，余八日政除五卫将，夕还池洞。

十八日，晴。久废之余，得此收用恩命，将赴朝谢恩为计。

十九日，晴。明日乃内外祖忌辰，坐斋。

二十一日，晴。尹之阳持酒来访。

二十三日，李希曾为陪余行，自京下来。

二十四日，晴。吕同知持酒来饯。

二十五日，去夜雨。

二十六日，晴。大谷诸族人设饯杯。

二十七日，晴。发行，见府伯，府伯亦出饯。夕到正角店止宿，饯客举乡会来。夜大雨，罗都事为同行追及。

二十八日，晴。抹马，因点心于堡坪，逾屈岭，宿于古县内。

二十九日，晴。朝饭于东池，抹马于金沟十五里外，夕宿于参礼驿。

三十日，晴。朝饭于砺山郡罗都事奴家，抹马于恩津社仓后桥里，外宿于石城村舍。

闰四月一日，朝饭于扶余县内，抹马于道泉寺洞，夕宿金井驿。

二日，朝饭于假亭，子午到礼山农舍，荒凉悲感。

三日，晴。路困极甚，不得已留憩，因往见李韩平叙旧。

四日，早发，抹马于蛤田酒幕，夕宿于葛院。

五日，晴。朝饭于青淮，抹马于列院，夕宿板桥。

六日，晴。朝饭于良寸，未午渡汉江抵壮义洞女息家。

八日，晴。晓，诣阙下肃谢后，奴辈南归。

十一日，晴。入直西所①。

十二日，夜雨，久旱暂浥，畿甸两麦失农甚矣。

十三日，阴。痛卧。

十七日，痛卧。

十八日，晴。痛卧。

二十日，晴。仇伯持家书来纳。

二十一日，修乡书，付仇伯使之传送。

二十二日，旱。入直南所，近来患咳嗽疾喘，悯极。

二十三日，旱。咳嗽，极苦如顷年，闷闷。

二十四日，旱。呻吟，直所。

二十五日，旱。呻吟，直所。

二十六日，旱。脱直。

二十七日，旱。近来连设祈雨于名山大川，无效。

二十八日。

五月二日，旱。今日乃士毅初期，想晚寿自南乡到竹山行祭，悲叹不已。

三日，旱。入直北所。

四日，旱。以明日宗庙午祭，献官受香，祝自直所即诣，宗庙大

---

① 西所：朝鲜时期五卫将领领兵宿卫昌德宫和庆熙宫的场所。

祝礼正[①]郑百亨[②]也。

五日，旱。子时行祭，平明罢归。

七日，旱。晚寿自竹山来见，细闻乡家消息，客怀悄悄。

九日，自去夜大雨如注，终日不开。

十日，晴。入直东所，晚寿归乡，茂生牵马从行。

十一日，晴。自上明日亲行祈雨祭于社稷，午后未到，余守宫。

十二日，朝，大驾还宫，余脱直。今日乃长□忌日，婿家为避疫，午后移寓于格署洞，余不能独处空家，从来。午后骤雨大至，达夜不止。

十四日，晴。朝见海美姜家书，即修复。

十八日，入直西所。

二十日，雨。近来连日雨，此为自上忧深恤民致诚祈祷之效也，孰不欢仰哉。

二十一日，雨。脱直。

二十二日，雨。仇伯归乡来受家书，自晚寿归后，绝不闻乡家消息，梦寐不好，频以为虑。

二十四日，晴。北所卫将病，改付标以余代直。向晚，入北所直宿。

二十七日，晴。脱直后历访诸处领相。

二十八日，去夜大雨，终日不开。

六月一日，乍雨乍晴。胜眷自杨山延走，此家奴婢五六朔内家里使唤，口名延，连续散将来樵汲难给，极闷。

二日，晴。迩来秋成消息绝不闻来，可叹。

四日，乍雨乍晴。入直东所。

---

① 礼正：礼曹正郎的略称。

② 郑百亨（1590—1637）：字德后，号忠景，朝鲜中期文臣，曾任连源道察访等官职。

五日，大雨。沟渎涨溢，凭付乡书一封于罗秀夫。

七日，晴。本所褒贬后脱直，船卜始到。

十三日，雨。今日当入直北所，自念老衰已极，而局充宿卫，随行有若贪恋者呈辞解职计，欲速返乡山，故称病改付标，因令呈辞于明日。

十四日，初度呈辞，乍雨乍晴。

十六日，晴。再度呈辞，愁奴下乡送乡书，使之人马督送。

十七日，愁奴率去安岳，令以今月内还见。

十八日，晴。三度呈辞以递五卫将。

二十日，极热。是日乃都目政也，蔡后濂来传家书。

二十一日，极热。宋正字斗文，闻其病重南归，修付乡书。

二十二日，极热。府吏来传乡书，即修答以送，人马反送于礼山。

二十三日，极热。温阳地沐浴，呈辞。

二十四日，乍雨乍晴。夕，岩回礼山持修撰马上来。

二十八日，晴。奴茂生持骑卜上来。

二十九日，晴，午后雨。朝下直后，闻清阴落伤，往见。

三十日，晴。往见清阴病，因与仙源叙别，夕，仲静来话别。

七月一日，晴。鸡鸣发行到新院，朝饭后日势极热，歇马于酒幕，夕宿于金有卜农所。

二日，晴。朝饭于青淮，歇马于葛院，问酒幕历访闵同知，问于沙桥野村，闵同知中风，言语不通者五六年，顾见旧颜直如对哑而坐，只自悲叹而已，即辞出。宿于文里川酒幕。

三日，夜大雨，晚来晴。起程，朝饭于牙山池村家，则贡税仓访金参判汝受叙慰。有大风大雨，前路甚急，不得留宿，即辞出取道舟樯，海堧水溢，道路难下，大风大雨急作，艰渡津滩，一行上下衣服尽湿，入船主家脱湿憩，因留宿。行路难危，平生之一也，痛叹奈何。

四日，晴。朝饭后发程，到礼山农舍，今年大旱，田畓尽为枯损，失农之惨无逾于此，悲怆难堪。

五日，晴。送人于海美，招致姜书房夫妻。

六日，晴。京书下来，见修撰一家书，离恨甚苦。

七日，庚末，宋璧自故乡来。

九日，晴。春玉自海西历京到，修撰一家尚无恙云。肃川率丧柩已到松京妇家，今月念前当还乡云云，悲惨。

十日，晴。备酒饭躬奠于两塚。朝，都漢者上京修书，使之传于修撰家。

十一日，晴。有秋露数壶，与原城监极饮叙旧。

十三日，晴。晓头发程，朝饭于青阳街亭里，李希曾、丁查男到于金田驿川边。夕，冒大雨投宿于店舍，夜患蝎噬不得交睫，是极痛也。

十四日，晴。晓头发程，朝饭于扶余县内，抹马于尼山地论每桥越边舍，夕宿于恩津地村舍。

十五日，晴。早发，朝饭于砺山邑内罗都事奴家，抹马于参礼，夕宿于金沟邑内。

十六日，晴。朝饭于泰仁古县内越边村舍，逾屈岭，投宿于堡坪尹奴家，是日极热。

十七日，晓起逾三岭，朝饭于正角村，历访城伯，午后到家。

十八日，晴。午后雨，闻金座首病重难救。

十九日，雨。

二十二日，极热。往亭上。

二十三日，极热。夕还池洞。

二十四日，极热。肃川护内丧，昨抵大岾云。

二十九日，晴。罗秀夫得除平安都事，不日下去云。

八月一日，晴。行朔奠于夫人几筵。

三日，晴。与崔东望共往牛岾看基址，仍宿亭上。

四日，晴。朝，肃川来亭上，对话仍连枕。

五日，晴。肃川食后与崔东望为看山向元晓。

六日，晴。宋座首持酒壶就池谷家，邀我来共。

七日，晴。往亭上看沙壁役。

八日，晴。留亭上。

九日，晴。夕还池洞。

十五日，晴。早往每山奠拜祖父母坟，日已午矣，大喜寺曾祖墓及夫人新阡只虚拜，令女息等行奠，余进元晓扫奠于父母坟上，自昨日感伤，奠毕气甚寒战，即归池洞，终夜卧痛。

十七日，朝来雨，向晚晴。家内暂有灾变，令移避于江亭。

十八日，晴。夕往亭上，自是夜痛齿转剧，达夜苦痛。林康津历见而去。

十九日，晴。齿痛极重，悬灯达夜，孰非病也，其苦难堪。

二十日，晴。齿痛难堪，用执锯拔去，病齿始有微效。

二十日，晴。林康津自大岾还，又历见。

二十二日，晴。午后还池洞。

二十四日，晴。坐斋。

二十六日，晓头行祀，上年与舍弟共献，今独行之悲痛罔极。午后往亭上。

二十七日，晴。夜来乍雨，女息来亭上。

二十九日，晴。有事还池洞，宋富琳夕来见。

九月一日，行朔奠于夫人几筵，梁麻、田贵生上京，修付修撰家书兼送柿筒。宋壁有事于礼山，今日发行云。

二日，晴。岩回还自岭南，空手而返，可痛。往江亭。

六日，晴。连留亭上。

七日，晴。今日还。

十四日，晴。摘柿招群童削之。

十六日，晴，有雨征。城伯送书以明日相邀。

十七日，晴。府伯以今日饯其弟文雨，故昨日招我矣，今日往参，夕归。

十八日，晴。洞内年少为肃川设慰，余亦同参，然慰杯似早。

十九日，晴。城伯及昌平景阳、林康津同来亭上赏秋，仍留宿，开酌至醉。

二十日，晴。诸太守各归，府伯向晚入城。

二十七日，晴。□忌辰，与女息孙儿行祭，悲痛。

二十九日，晴。向晚，雨下如注。读太岁经，艰难以行。

十月二日，晴。行茶礼于神主，夕往亭上。

五日，晴。夕还池洞。

六日，晴。即赴玉泉之约，历访罗都事，即下来。

八日，晴。

（以下内容缺失）

十一月二日，晴。□俊民为强盗所斫即死，世道可叹！

三日，晴。向晚，大雪。

四日，晴。秃里金载乾柿、防纳田税往灵光。

七日，雪至日也。疫疾，只献酌于神主。

八日，雪。

九日，雪。

十日，雪。

（以下内容缺失）

附录　诗文补遗

一　饯别汉诗

奉赠金书状行庐己酉书状官时

海外休论更九州，男儿奇事即观周。
湾河庙里清风在，万柳庄头翠色浮。
燕市鼓刀皆侠骨，午门环佩立仙流。
如今相送增惆怅，十五年前是旧游。

玄轩　申钦①

奉送金书状守吾赴京

昭代开皇极，藩邦仰紫宸。
地遐恩不隔，国旧命惟新。

---

① 申钦（1566—1628）：字敬淑，号玄轩、象村等，朝鲜中期文臣，分别于1594、1609年出使明朝。

政近虹流节，遥驰燕贺人。
君才宜馆阁，此去奉丝纶。
帝里莺花满，天阶羽卫陈。
衣沾上林雨，梦罢禁钟晨。
专对真能事，群公总后尘。
卿云瞻五色，圣寿祝千春。
行矣身方健，超然志可伸。
过从元自忝，离合忽相因。
别酒城阴暮，邮程浿水滨。
平生远游计，头白谩伤神。

石洲　权韠①

用汝章韵送金庚兄守吾朝天

吾王谨侯度，之子觐中宸。
拱极驰诚切，疏恩泽典新。
共欢邦有庆，宁谓国无人。
玉陛初敷衽，泥函已出纶。
簪裾罗夹□，庐卫俨钩陈。
万舞申华祝，千龄属圣晨。
仰瞻间阖日，恭望属车尘。
土臬三辰正，衢樽四海春。
壮观心已惬，贤路道方伸。
典午联高武，同庚本宿因。
长亭燕塞外，离恨鸭江滨。

---

① 权韠（1569—1612）：字汝章，号石洲，朝鲜中期文臣、书法家，分别于1601、1609年以制述官接待明朝使臣。

缅想曾游地，凭君更怆神。

员峤

送别金守吾情兄朝天

远向皇都赴贺班，壮游犹足豁心肝。

高衢日月天无外，万国舟车陆绝栏。

制作可观周礼乐，威仪须想汉衣冠。

谁知病躉三韩士，不出门庭眼界宽。

北渚　金瑬

奉送金守吾赴万寿贺节

君今衔命赴燕京，念我曾从此路行。

野入海州天接树，山横秦塞水连城。

百年文物衣冠盛，万国奎章品秩明。

遥想祝尧朝罢后，客星争看下青冥。

西荷　苏光震①

奉送守吾贤兄书状之行二首

燕塞秦关万里城，湾河西路走神京。

雪龙县古风云壮，孤竹祠深草树平。

庆节端门初拜舞，故人郎署旧才名。

西郊弱柳移新雨，那得长条赠远行。

大明天子降生朝，玉帛承篚万国寮。

辽海千年仙鹤去，长城一道火云烧。

① 苏光震（1566—1611）：字子实，号后泉，朝鲜中期文臣，于1608年出使明朝。

行装剑佩随青塞，文物衣冠捧紫宵。
今日壮游真不负，锦囊诗律况清饶。
石楼　李庆全①

赠别金守吾老兄赴燕京

天王寿节万邦驰，左海陪臣奉贺仪。
出谷迁乔素志惬，乘槎上汉此游奇。
云开日角瞻丹扆，雷动嵩呼拜赤墀。
青琐词仙多旧识，为君珍重报相思。
竹阴　赵希逸②

奉送金书状守吾贺圣节

秋部郎官玉署姿，琅函遥奉向天墀。
辽河积雨三庚后，蓟树清霜八月时。
钟动景阳朝见早，饭随光禄退归迟。
知君澡雪箴身地，到处千金惜不资。
清阴　金尚宪

吾友金守吾以书状赴天朝临别无以为怀联缀荒芜以赌客中一粲

远游休叹鬓成蓬，简尔朝天圣泽洪。
专对有才知不辱，赠言由悃转无穷。
箕都烟树三春后，鹤野炎尘六月中。
珍重长程慎行李，归期须趁蓟门鸿。
石村　林惰

① 李庆全（1567—1644）：字仲集，号石楼，朝鲜中期文臣，于1623年出使明朝。

② 赵希逸（1575—1638）：字怡叔，号竹阴、八峰，朝鲜中期文臣，曾以接伴使等接待明朝使臣。

奉送金郎中使赴上京

少壮观周男子志，炎程万里不惮劬。
湖乡我别情堪断，蓟塞君行事亦虞。
燕市悲歌今尚有，首阳高节古来无。
太平文物同天下，一片青丘独向隅。

数竹　曹弘立①

次韵送金正郎朝京

手捧鸾笺上九天，出城车马望如仙。
云垂鹤野临关路，日早龙楼压瑞烟。
离思远连千里外，旧游还忆十年前。
春风不尽樽中酒，且挽征骖劝驻鞭。

崔东立②仆于丁酉年间亦以书状赴京，故第六句及之

奉别金正郎之燕京

君子之交淡若水，与君相遇始知之。
今朝一别四千里，却探深情成小诗。

畏日长程送子行，为攀宫柳更含情。
皇都物色堪吟咏，伫见珠玑照眼明。

济谷病夫　郑广成③

---

① 曹弘立（1558—1640）：字克远，号数竹轩，朝鲜中期文臣，于1590年被任命为书状官出使明朝，但因奉养年迈父亲未遂。

② 崔东立（1557—1611）：字卓尔，号杏园、杏雨，朝鲜中期文臣，于1597年以书状官出使明朝。

③ 郑广成（1576—1654）：字寿伯，号济谷，朝鲜中期文臣，曾任京畿道观察使等职。

赠别守吾朝天上京

君承圣主新宣化，政副都人加额时。
草木昆虫浑被泽，仁人志士岂无为。
拯些赤子方投火，复得生灵既堕彝。
此去为言伊吕佐，务从清谨断恩私。

再从叔　大器①

送圣节书状官金公赴京

此去瑶京路几千，仙槎今日远朝天。
驿程杳杳迟归鹤，使节迢迢向北燕。
万国会时瞻舜日，五云开处祝尧年。
客中还作经秋别，相思河桥倍黯然。

杨时晋②

复用前韵奉赠竹溪行史

与君同渡锦溪波，去住依然别恨多。
可笑纷纷扰扰地，不如岑寂竹阴家。

醉吃　柳潇③

复用前韵奉别金守吾尊史

旅馆同愁夜似年，此时分手倍潸然。
生憎弱柳摇官渡，不分娇娥唱别筵。
征旆远离龙鸭渚，塞垣遥傍犬羊天。

---

① 大器：金大器（1557—1631），字玉成，号晚德，朝鲜著名学者，著有《晚德集》。

② 杨时晋（1573—1615）：字子昇，号龟阴，朝鲜中期文臣，逝后被追封为吏曹参议。

③ 柳潇：为误记，应为“柳潚”。柳潚（1564—?），字高兴，号醉吃，朝鲜中期文臣，官至刑曹参判。

路之曲直何曾识，西指辽阳万里烟。

续呈五言近体二首兼供使相词伯和韵之用

龙湾频送客，官柳欠长条。
况复南乡隔，分携北塞遥。
殊方亲旧少，衰鬓雪霜饶。
瞻望归空馆，那堪益不聊。
梅窗　谷神子[①]

送金守吾旧僚赴京

与君同作小秋官，几许趋衙共晓寒。
京口去年吟别句，辽阳此日送征鞍。
九零城[②]外音书断，八渡河边道路难。
闻说幽燕风土异，客中惟愿更加餐。
竹屋　养真

送金书状朝京

暑雨三叉水，清风二子台。
辛勤笃行李，珍重早归来。
生憎鸭江水，只管离别愁。
年年此渡口，白尽几人头。
晚悔　权得己[③]

---

① 谷神子：朝鲜中期文臣郑士信（1558—1619），字子孚，号梅窗、神谷，于1610年出使明朝。

② 九零城：为误记，应为“九连城”。

③ 权得己（1570—1622）：字重之，号晚悔，朝鲜中期文臣，逝后被追封为工曹参判。

鸭绿江边雨，龙湾馆里风。
月明荒野外，山媚宿云中。
邂逅多倾盖，旅游似转蓬。
离筵分手处，孤客思无穷。

郑淑

赠圣节使之行丁巳圣节使时

朝天索我赠行诗，自说相寻恨太迟。
白鹤不归华表柱，清风犹在采薇词。
关心长路炎蒸日，屈指回旋雨雪时。
稽首玉墀祈万寿，海东偏是荷恩私。

西坰　柳根①

奉别圣节使令公赴京

忽忆曾同万里行，青灯何馆小樽倾。
世间聚散那能定，云外功名不足评。
一剑今朝辞魏阙，双□何日到燕京？
吾衰未得含杯别，聊缀荒词写旧情。

浦阴　李余由②

金同知令公访仆于石隅侨居言将赴京请赠言，属有迁次之扰，阙焉未报

及来新侨帖，身蜗庐烟尘。

① 柳根（1549—1627）：字晦夫，号西坰，朝鲜中期文臣，分别于 1593、1597、1601 年出使明朝，曾任礼曹参判、左赞成等官职。

② 李余由：未查到此人，考虑到刻版可能有误，此人可能是朝鲜文臣李畬（1645—1718），号浦阴，但其生卒年与诗歌创作时间有出入，故此处存疑。

灌鼻畏景穿，屋逼塞无佳。
思亦难排笔，研地潦草短。
律芜拙不足，充远愧惭甚。

宿昔承来访，今朝惜远行。
赠言胡有命，待罪自忘情。
数日缘迁次，经旬阙报声。
湘潭成永诀，珍重勉君清。

南郭　朴东说[1]

送别金同知令公以圣节使朝京录奉二律

玉帛梯航万国先，年年贺节去朝天。
三呼礼罢星辰烂，八月秋高剑佩鲜。
请乐呈书时不可，通和禀命语难便。
归途莫问他消息，孤竹清风百世传。

世分交情释褐初，穷郊相访鬓毛疏。
升沉衮衮浮云外，离合匆匆片梦余。
专对才华迷帝里，独贤行色过医闾。
君家病患终无事，但识平安不见书。

（家间有忧患云，故落句及之。）

袜线累人

---

① 朴东说（1564—1622）：字说之，号南郭、风村，朝鲜中期文臣，于 1601 年以远接使在义州接待明朝使臣。

奉送金参判守吾令公以圣节使赴京

貂冠曾作小人行，重渡龙湾鬓未银。
宗伯莫嫌衔姑假，亚卿皆羡秩仍真。
辽阳旌旆笙歌晓，燕地闾阎锦绣春。
想入帝城朝贺日，路傍争认旧风神。

东岳　李安讷①

奉送金同知令公以圣节使如京师

二十年前识老侬，白头青眼每相从。
朝天可是登仙似，衔命如何告别重。
八渡滩声孤枕梦，九门霜气五更钟。
归来阅尽奚囊语，梅发贫家酒正浓。

石心居士

奉赆贺节正使金同知之行

乌蛮昔共度深秋，白酒黄花散客愁。
君病尚能先往返，我衰犹未免迟留。
九天灯烛今如梦，千里关河意不休。
十载相逢又相送，可堪临别更回头。
（昔年同寓玉河馆，公方病而先往来，我行后之故云。）

稚川　尹昉②

赠别圣节使朝京

君为圣节使朝天，银渚仙槎泛渺然。

---

① 李安讷（1571—1637）：字子敏，号东岳，朝鲜中期文臣，于1601年以书状官出使明朝。

② 尹昉（1563—1640）：字可晦，号稚川，朝鲜中期文臣，于1601、1609年出使明朝。

辽塞孤城归铁凤，蓟门荒戍过幽燕。
东韩地尽龙湾上，北极星分鹤野边。
驿路山川含积雨，皇都日月锁祥烟。
身随剑珮趋金阙，手奉玄黄献玉筵。
岳筹共呼三万岁，河清重属一千年。
平生壮观男儿事，自是高游宠渥专。
想得归期风雪后，秦貂吴剑好言旋。
峨嵯山人

奉别竹溪令公赴京

龙泉山秀鸭江清，生共南州作弟兄。
今日朝天先后发，莫将专对独留名。
笠泽　金鉴①

奉别圣节上使金令公

八月仙槎旧日郎，上公新命又梯航。
观周行色清如水，可把椒酱酹首阳。
慕堂　洪履祥②

奉送竹溪金令公以圣节使朝天二首

流虹节迫走舟车，万国包茅贡帝家。
玉河前度三韩使，银汉遥通八月槎。
身近青冥云五色，耳听仙乐日重华。

① 金鉴（1566—?）：字仲虚，号笠泽，朝鲜中期文臣，曾任两南提督等官职。

② 洪履祥（1549—1615）：字君瑞、元礼，号慕堂，朝鲜中期文臣，曾任礼曹参议、大司宪等官职，于1594年出使明朝。

吾王拱北瞻何极，莫到穷阴雪作花。

西郊四牡正騑騑，又是南湖倦客归。
临别岂堪瑰佣赠，相违还似燕鸿飞。
云迷辽塞三叉渡，天入沧浪一钓矶。
莫怪频频来劝酒，渔阳驿路信书稀。
月峰　高傅川①

送圣节使金同知之燕京

己酉朱明赴帝畿，岁回丁巳又重之。
临岐别恨同前日，横带黄金胜昔时。
辽水清波宜濯热，蓟门烟树好吟诗。
嗟吾匏系悲蛙井，送子西行有所思。
济谷　郑广成②

奉送金令公赴京

一统皇猷壮，千龄庆节回。
星虹三极动，玉帛万邦来。
鲽域虔侯度，明庭选使才。
饮冰行李急，触热传车催。
螭陛陈苞匦，鹓斑篚棘槐。
红云捧日上，黼座倚天开。
朝趁金炉月，行穿紫陌埃。

---

① 高傅川（1578—1636）：字君涉，号月峰，朝鲜中期文臣，曾任司宪府掌令等官职，于1624年出使明朝。

② 郑广成（1576—1654）：字寿伯，号济谷，朝鲜中期文臣，曾任刑曹判书、知敦宁府事等官职。

恩颁少府筒，宴接礼宾杯。
恍惚浑如梦，么么转自猜。
壮游真不负，别恨苦难裁。
鹤野应愁潦，乌蛮政蛰雷。
凭君寄双泪，为我吊金台。

东岳　李安讷

奉赠金竹溪令公重游万柳庄仍传节孝编后录诗并序

昔余游永平府李庄，偶咏万柳溷壁上，后闻主家刻板揭之下。国人沿路题诗者何限？而有国二百年来，未闻中朝人取下国诗词传之。堂壁独悬板之举，自不肖始荣孰大焉，而复至不靳家藏珍，远寄节孝编于海外，罕世异事足以惊动遐迩。在不肖宜倡举邦，文以揄扬盛美第中间，宰邑边陬，寻复退闲山海，自逸于渔钓之间。抬首神州，犹零雨堕地，顾无凭札翰相及。自上年猥忝吏部，多兼局靡昕夕鞅，掌以其事，委之豚犬儿。翰林瀹走书士夫流徼，诸讽咏所裒聚才，若干篇业未卒。会金竹溪存敬甫如京，金公以当时书状官同余朝京，亦尝弄翰万柳者，诗在录中。比陛数级为首，使复之燕路由永平必访旧游于李庄。乌得无情，谨将略少诸作楷写一通。凭金公仰彻主人所久，枉盛贶未效微悰，阙焉不报，动八九载不敏之罪可辞？恭缀荒词以尘公行橐，如见李庄大人幸以此谢之。其诗曰：

万柳三游度几年，濯湘尘想迈登仙。
菲辞叨浼丹青壁，琼报仍承节孝编。
掇我国风凭木铎，俟君卿月著简传。
主人休问纱笼客，潦倒偏荒白满颠。

柳梦寅

奉别圣节使之行二首

昔年书状今充使，金带朱轮再赴燕。
节趁岗陵圣寿日，人曾河汉泛槎仙。
功收专对诗三百，行惯朝天路二千。
病负都门郊外别，敢将荒拙当离筵。

（己酉秋，同在玉河，令公罹疾，王亦新经重病，故有河上相怜之语。）

河上悲歌日，相怜十载前。
星霜今屡换，衰迈各华颠。
别袖嗟难挽，离杯惜共传。
炎天万里路，惟祝好言旋。

长溪　懒真①

奉别圣节使行轩

知君此去倍间关，万里吾曾惯往还。
衙府诛求今日甚，隄墙泥潦古来艰。
路盘八渡元多水，天阔三叉又见山。
努力长途慎行色，异邦风气易凋颜。

龙溪　金子定

赠金竹溪守吾朝天之行

平章公后世多贤，英特吾君卓卓然。
琴鹤余风清浊俗，海山高义迴秋天。
征衫重拂燕城雨，乡梦频回鸭水烟。
几度相思劳北望，文星缥缈五云边。

---

① 懒真：李好信（1564—1629）的号，其为朝鲜中期文臣，曾任副提学等官职。

滢潋连城壁，文明瑞世麟。仙槎遥指斗牛津，玉帛享枫宸。
凄断阳关曲，蹉跎末路尘。临分掺手倍伤神，不禁涕沾巾。

沙溪　金长生

奉别圣节使金令公之行

庆属虹流节，天回电绕期。
轮梯腾燕贺，玉帛贲龙墀。
东国抡专对，西曹辍亚司。
全才膺上价，令望惬畴咨。
早际风云会，优沾雨露滋。
涓辰膏使辖，倾洛宠行词。
马谙燕山路，槎仍鸭水湄。
辞家宁刺刺，衔命肯迟迟。
馆里重重过，楼台处处奇。
仙禽余古柱，孤竹有遗祠。
紫陌笙歌宅，芳园锦绣帷。
衣冠周制度，班序汉威仪。
虎拜扬休烈，嵩呼颂寿祺。
羡公申壮眺，怜我抱离思。
征袂知难挽，清尘渺莫追。
榴花去后发，关月别来亏。
握手频移座，临岐更举卮。
多情沙岘柳，折赠最长枝。

蓑翁　杨克选

贺节上价金公守吾己酉夏以圣节书状赴京

余值于西京，橐中有权汝章别诗一首为和其韵。未十年，擢为上使贺节，邀余又作诗赠行。自汝章之后不作此伎俩久矣，感念存亡，聊为效拙以志别怀云。

同庚同榜最相知，宦辙东西几合离。
握别曾于平壤道，赆行仍和石洲诗。
分台此日升专价，厚夜何年续后期？
存殁白头多少恨，不堪临路涕如縻。
林下一人

奉别圣节使金守吾令公如京

圣寿年年八月时，万邦奔贺孰愆期。
明庭玉帛输应急，银汉星槎去莫迟。
关路莺花春寂寂，辽河烟柳雨垂垂。
皇皇使节严程远，王事驱驰肯顾私。
首阳后学

赠别圣节使行轩

病渴三年尚未瘳，送君今日更烦忧。
蓟门何处多情思，我昔登临望海楼。

又永绝叙夙昔钦慕之意

玉表虽长我短更，任君天用此行炳。
至今寸念深无底，看取长城碧海永。
西川　月筠子

奉呈金守吾令兄圣节使之行

迢迢万里短长亭，野馆山楼取次行。
壁里曾留贱名姓，替颜犹足遣离情。

公私凡务苦多端，别袂临分欠一攀。
早晚玉河完使事，拟将樽酒慰西还。
（弟曾为书状赴京，所过题名故及之。）
痴峰

奉送金同知令兄赴京

幽燕豪杰欣相见，曾识三韩御史颜。
争道朝天来不得，何缘执玉去重还。
笑看紫电心犹壮，横带黄金鬓未斑。
报国不嫌征路远，明朝驱马入雄关。
首阳后人

奉别金同知圣节使之行

节居千秋录，今随八月槎。
别愁连海远，归梦渡江多。
胡地行时见，辽天几日过。
遥知万国会，蹈舞颂清河。
终南　瓠拙

奉别

专对今乘使者车，再因王事远离家。
路经华表千年柱，风便银河八月槎。
玉帛恭将天北极，山川应梦海东涯。
饮冰行李须珍重，及到归时遇雪花。
鳌川　金景寿[1]

---

① 金景寿（1543—1621）：字伯亨，号鳌川，朝鲜中期文臣，曾任掌乐院主簿、军资监正等官职。

仰赆舅主贺圣节如京之行

朝天行色出都门，五月长安暑气繁。
此去幽燕遥极目，病来离别最消魂。
丁年壮眺酬奇志，万里通津荷圣恩。
夙夜王程须努力，好随秋雁返征辕。

皇王道德与天同，庆节方当八月中。
玉帛盈廷来远国，衣冠分陛拜群工。
澄清共除千年会，蹈舞争呼万岁嵩。
遥想午门朝散处，九重仙醴醉秋风。

曾泛仙槎未十年，至今回首每森然。
犹嫌走马看中夏，更溯银河上九天。
金带去夸新宠渥，青眸开向旧山川。
兹行正为能专对，王事何须叹独贤。

外甥　金光赫

到龙湾奉别圣节使同知令监

圣节千秋进贺使，春官水部二先生。
试论家世交游地，俱有陈雷尔汝情。
六月湾江仍苦雨，三叉遥野接长程。
追随千里还伤别，点马那堪又出城。

锦洲　林埬

奉别圣节使之京

手奉大书拜冕旒，腰悬龙剑启征辀。
辽河去值三庚暑，帝里行经八月秋。

玉帛盈庭来万国，圣明临御贺诸侯。
惯看礼乐兼文物，归奏吾王复旧周。
安彦吉①

奉送金同知令公以圣节使如京师

圣代抡专对，清文玉绝玼。
初观周礼乐，重睹汉威仪。
鹤野风烟古，燕台途道迤。
行藏数驴背，江月几盈亏。

又

运际千年圣，仁覃万物宜。
恩随紫泥重，名尚白麻披。
雷首清风远，辽阳老鹤迟。
归来锦囊富，樽罍慰相思。
朴守渚

二　诸贤酬唱

附诸贤酬唱

别金守吾还乡

两翁相对雪盈头，阅向人间甲子周。

① 安彦吉（1569—?）：字士一，朝鲜中期文臣。

衰病不看湖海别，楚云秦树梦悠悠。

清阴　金尚宪

次清阴韵别三流亭主人

三流亭子水西头，十里长郊叠巘周。

始识莼鲈真兴枉，世间名利总悠悠。

竹阴　赵希逸

送金庆州还乡

长安秋气早，远客动乡思。

张翰归吴日，庄生忆越时。

鸡醪酬旧兴，枫菊供新诗。

为报西邻友，吾行亦不迟。

瀛洲　梁千运①

守吾自月城去官而归题赠以慰

休官行色淡如空，蜗室萧条膝不容。

栗里高风今再见，季鹰心事并相同。

再从叔　大器

呈三流亭主人

菟裘旧隐移时别，禁直东华几日留。

长乐晓钟来去听，客窗秋雨浅深愁。

宽闲陡觉还家好，消遣偏宜特地休。

安得三流容一派，与君分占水西头。

① 梁千运（1568—1637）：字士亨，号瀛洲，朝鲜中期文臣，曾任司赡寺主簿等官职。

瑞草居士　韩平

次金陵话别

华馆添灯话别意，临歧明日益难裁。
仙辀一去攀无计，芳草超超路几回。

明月金陵今夜别，尺书他日向谁裁。
江南自古多岐路，剩使离觞解九回。

杯觞到手难恢量，诗律牵愁不自裁。
无限金陵相别恨，海天明月梦频回。

故人今作金陵宰，千里音书定几裁。
莫恨云山更迢递，秋来鸿雁有时回。

石村　林惛

录奉金陵太守

金陵太守不以千璟不诗，欲推而升诸骚坛之上，索诗甚固。余于守吾金兰世分，人所共知，韩退之得交父子间者，余亦近乎否？余期守吾万里鹏程，而簪缨之享，窃有望于俛仰之次。今其屈焉，真所谓士元之才非百里者耶。金陵界于东海之溢，未耜其形，故以驾牛名，其九十浦中之岛以待他日之耕田也，此说乃地志道洗云云者也。余虽老矣，乌无迟焉，守吾勉乎哉。

秋城山水养豪贤，俛仰风流骨已仙。
昔友数三悲鸟过，今君第一贺莺迁。
唐科早捷干戈后，汉锢犹蒙标榜前。
五马功名九十浦，驾牛朝暮待桑田。

（驾牛岛名在康津。）

松涧　洪千璟①

次白莲社赏花

一场佳会论文处，俱是悲吟楚水涯。
废寺今来浑寂寞，满山依旧赏茶花。

白善鸣②

次金玉成金守吾邀余入玉泉寺夜话

一尊相对一檠灯，真趣今宵孰与曾。
莫托此心关世事，明朝回首浪千层。

病入丛林话佛灯，招携良约荷君曾。
传杯看剑呼僧问，海月窥山送万层。

玉泉寺闻古，吾老游未曾。
病里寻幽兴，招邀赖有朋。

数竹　曹弘立

送金守吾令公以卫将上京

同作南乡耦艺氓，着鞭先我望君行。
五云深处双龙阙，魂梦长悬奉迩英。

数竹

① 洪千璟（1553—1632）：字群玉，号盘恒堂，朝鲜中期文臣，曾任佥知中枢府事等官职。
② 白善鸣（1564—1618）：即白振南，字善鸣，号松湖，朝鲜文人、书法家。

送金参判守吾

泽国秋风吹紫兰，放臣遥夜梦长安。
却望云路思鹏举，雨宰雷封戒马难。
利府从来多丧宝，盛名之下莫弹冠。
吾家大阮城东住，为报阿咸双影寒。

月峰　高傅川

赠金进士守吾

人心多害马，鸣凤寂朝阳。
北极狼甚赤，南屏鹄面黄。
兵书推玉检，客笛倚绳床。
岁晚拾瑶草，谁能为我尝？

一查　李涵一①

呈竹溪令公

九官形胜冠鳌头，此个真珠第一州。
高阁远吞琼岫色，曲栏斜压玉河流。
筵开待月翻窥日，衙退观鱼更押鸥。
多少岭东山水窟，风怀都在竹西楼。

风帘飘拂冷如秋，倦客登临为少留。
莫谓头陀山气薄，嘘成云雨满江楼。

沧洲　车云辂②

---

① 李涵一（1563—1621）：字一吾，号一查，朝鲜中期文臣，曾任成均馆司成、康津县监等官职。

② 车云辂（1559—1637）：字万理，号沧洲，朝鲜中期文臣，曾任工曹正郎、奉常寺判官等官职。因其与父车轼、弟车云辂文采出众，被朝鲜世人比肩“苏轼三父子”。

偶得数绝奉赠竹溪金守吾

江楼堆枕夜开窗，雨歇云收月满江。
正是江楼生色态，风流天下更无双。

江云多态雨多情，谁遣江楼月又明。
江雨江云江月色，江楼清景画难成。
朴淳①

贺呈知事令监宗侍

乘轺衣锦入桑乡，巷里争瞻似堵墙。
功显祖宗光被族，雄名千载永流芳。

宗派从公振海阳，无何高秩继平章。
应知积德由先祖，余庆绵绵有弄璋。
宗末　大显

三　亲故挽章

附挽章

运际休明数独奇，湖山随处乐栖迟。

---

① 朴淳（1523—1589）：字和叔，号思庵，朝鲜中期文臣、书法家。于1568年以接伴使身份迎接明朝使臣，于1572年以登极使出使明朝，官至正一品领议政。

闲情日与鸥相押，心事何关世不知。
春树暮云长入望，人间泉路又分岐。
生刍一哭嗟无所，卧想仪形泪自垂。

仙源　金尚容①

荣辱尽余事，身闲何所求。
暮年专一壑，飞榭俯三流。
白首嗟成别，玄庐忽掩幽。
亲朋连入土，老泪固难收。

清阴　金尚宪

洛下重逢日，灯前说旧时。
风霜俱偃薄，慵病各支离。
往事浑如梦，浮生足可悲。
东床在近地，含泪寄哀词。

竹所　金光煜②

妙岁知名北斗南，黑头横带已黄金。
升沉有数投闲久，风月无边寄兴深。
十载田园仍浪迹，百年存殁此伤心。
生刍一哭将何得，泪向湖山欲满襟。

① 金尚容（1561—1637）：字景择，号仙源、枫溪，朝鲜中期文臣、书法家。于 1598 年以圣节使身份出使明朝，曾任礼曹判书、吏曹判书等官职。

② 金光煜（1580—1656）：字晦而，号竹所，朝鲜中期文臣、书法家，金尚宪之子。于 1654 年以冬至正使身份出使明朝，曾任左参赞等官职。

金光炫[①]

忆昨南归日，匆匆过我门。
欢逢何更必，好在各相闻。
复说三流胜，何当半境分。
庭梅寒照眼，梁月谩消魂。
每虑清羸甚，犹宽药饵存。
浮生忽如此，天道可堪论。
后事凭贤赘，乡风几德熏。
未稀邹谓寿，淹二惜非尊。
已矣难重作，嗟乎奈数屯。
琴书余古屋，松竹饰官园。
絮酒孤千里，心情识九原。
缄词一掬泪，遥洒寄南云。

石楼　李庆全[②]

昔年相识人如玉，十载重逢雪满冠。
君说闲居村兴好，我言游宦世途艰。
音书已断心常恋，凶讣初传鼻自酸。
穗帐一杯无路致，若堂何处寄空山。

济谷　郑广成

① 金光炫（1584—1647）：字晦汝，号水北，朝鲜中期文臣、书法家，金尚容之子。曾任清州牧使等官职，精通篆书、楷书等。

② 李庆全（1567—1644）：字仲集，号石楼，朝鲜中期文臣。曾任刑曹判书等官职，于1623年以奏请使身份出使明朝。

行年过六十，故旧已无多。
君复随冥寞，吾将没奈何。
他时梦迷路，此日泪成河。
极望湖天阔，新词当薤歌。

鹤谷　洪瑞凤[①]

京邸从容忆去年，绿樽青眼故依然。
十山忽作南乡别，一字无缘北雁传。
离思不堪逢岁换，讣音何意自天边。
余生此世明知尽，泪洒东风雪满颠。

陶斋　尹昕[②]

三流亭上醉春晖，乘兴留连入夜归。
胜赏难追佳境阻，风光依旧主人非。
白头情伴吞声别，青眼亲知屈指稀。
觅记一编同挂剑，片言心诺庶无违。

竹阴　赵希逸

昔在纷然丧乱际，鸭江之上始逢君。
北关雨雪陲还代，东洛风尘路忽分。
留洛几年空怅望，归真今日奄惊闻。
门栏赖有乘龙客，好作江南四尺坟。

八松　尹煌[③]

---

① 洪瑞凤（1572—1645）：字辉世，号鹤谷，朝鲜中期文臣，官至右议政、左议政、领议政。

② 尹昕（1564—1638）：字时晦，号陶斋，朝鲜中期文臣，尹昉之弟。曾任礼曹参判等官职。

③ 尹煌（1571—1639）：字德耀，号八松，朝鲜中期文臣，曾任大司谏、吏曹参议等官职。

湖南才子早扬庭，拖玉腰金地望清。
学礼朝周观雅乐，文翁治蜀著能声。
沧洲晚契忘机鸟，白首新知出谷莺。
拚醉习池如昨日，忍题哀挽送君行。

参议　李润雨①

自识荆州面，如今二十年。
江上一字远，人间百年忙。
旧物毡堪托，新阡草已荒。
湖亭春寂寞，无复咏壶觞。

府使　郑良弼②

南游曾共宿溪堂，蔽野黄云腊酒香。
座上笙歌供谑浪，别来音信换炎凉。
关心万事嗟何及，到老浮名默自伤。
他日一杯蒿里奠，不堪情好隔存亡。

畸翁　郑弘溟③

中表情亲师友兼，远成追忆近频瞻。
由来秉志同夷险，著处无心异冷炎。
卜筑沧浪□□□，□□□□□□□。
□□□□□□□，□□□□□□□。

月峰　高傅川

① 李润雨（1569—1634）：字茂伯，号石潭，朝鲜中期文臣，曾任成均馆司成等官职。

② 郑良弼（1593—1661）：字梦赉，号秋川，朝鲜中期文臣，曾任忠清道观察使等官职，于1644年被任命为正朝使出使清朝。

③ 郑弘溟（1582—1650）：字子容，号畸翁，朝鲜中期文臣，曾任副提学、金堤郡守等官职。

十载分离仅一面，如何末疾未终痊。
五治州郡仁声播，再赴中朝美誉传。
江阁春归无故主，竹园人去锁寒烟。
今来永诀秋城路，此地相寻更莫缘。

县监　李绥禄[①]

□□□□□□□，□□□□□□□。
□□□博通高士，传闲来聊赴野人。
休言出入□庭日，争似婆娑暮景时。
怊怅长沙佩铜客，未料挥涕送哀词。

县监　林得说[②]

送老江湖抱二忧，筑亭西畔揭三流。
妙龄词艺倾曹谢，晚节治声迈杜刘。
盛业期传后裔远，崇兰难保疾风揉。
屋梁残月添愁恨，蒿里今朝涕满尤。

金大显

竹溪佳处小菟裘，名利从来老可休。
迹近云林随野鹤，身离罗网伴闲鸥。
诗吟古调无人和，酒爱新情与友酬。
圣代含光非效隐，明时多病只缘忧。
鹭眠初定三流月，溪梦俄惊六十秋。

---

① 李绥禄（1564—1620）：字绥之，号东皋，朝鲜中期文臣，曾任司宪府掌令等官职。

② 林得说（1592—?）：字载世，朝鲜中期文臣，曾任司宪府掌令等官职。

大厦将扶先去栋，长川未济忽催舟。
门栏有嘉知元礼，□□□□□□□。
湛乐重期泉下弟，欢娱再续穴中逑。
阴寒桃李蹊安在，影薄松篁径独留。
为忆谢公眠食地，羊甥不□向西川。

宋文吉①

四　文章补遗

附补遗

三流亭上梁文

悭奇秘胜，久废榛莽之交，燔翳诛茅，忽见堂宇之建，卜云其吉。君子攸宇，伏惟主人相公，楚国有材，荆矿无璞，南金东箭，织玉潋而韬霞彩，虬文龙缀珠鳞而濯锦鹏背扶摇几博九万里之上，螭头词翰独步十八士之中，纽章东京人称大尹之厚德。锁直西枢，世知总管之奇筹，时命不常，运会多否，受辞进退之列，赋就归去之篇，紫绂黄麻梦已寒于富贵，苍山白水兴方逸于风骚。几多游赏之余，乃起盘旋之所，凿荒丘而谋，始凭峻崖而经营凤舞龙飞雄盘磅礴之体势，浮地坼迴，吞坟衍之，萦回飞闼，临虚影沉，鲛螭之窟，危甍耸远，势触姮娥之宫，颐神偃息之间，游目俯仰之里。雕梁画栋，虽非向戍之奢华，峻构层轩，实替晏婴之湫隘，祥岚瑞霭争媚，燕喜之娉，异岑奇峰环拱，画锦之靡，人间不求闻达，平地即为神仙前圃后园，志专公

① 宋文吉（1582—?）：字在兹，号相村，朝鲜中期文臣，曾任朝鲜五道观察使和五曹判书。

理之幽想，左舸右楂，气凌泊伦之放情，影拂兰洲潇洒淇园之趣，竿横柳岸，仿佛钓台之风，逍遥幽胜之区，转眄乾坤之表。山翁野老，鸡黍芳辰，懿戚嘉姻，杯酒丽日，得此送老之地，何患过墟之悲？抛梁东，金乌晓出蒸霞红，园林花绽拥锦帐，沙上水平杨柳风。抛梁西，爽气入户金天低，嘉禾满篝收余税，开樽引白时物齐。抛梁南，晴虹敛涧干翠岚，浓阴布地山雨疏，岸帻呼博兼清溪。抛樑北，寒空积霭埋日轴，冰泉沉驶雪意急，路达壁台藏原泽。抛梁上，修檐峻庑何萧爽，川原骇瞩天地窄，巍远显敞谁与让。抛梁下，架头喃呢燕雀贺，尘喧迥隔象外天，风咏自适宜坐卧。伏愿上梁之后，嘉祥叠臻妖戾永息，尔寿尔炽膺椿树于大年，肯构肯堂茁兰茗于遐岁。

（述人欠考）

御制赏赐文甲辰正月康津县监时

今观本道巡试练兵御史尹暄状启，约已便民，残邑苏复，兹赐表里一袭，尔其领受。

御制赏加文为三陟府使时

王若曰："便民开利，守臣之至诚，含郁酬劳，国家之常典。兹升显级，以侈褒章尔。早占科名，历试中外，北陲西郡，惠久留于黎氓。卿监省郎，勤夙著于夙夜，顷守悉直，愈切抚摩，壅水灌坡，师蜀郡之作堋，引漳溉邺，法河内之开渠，人腾饭豆之谣，国有收稻之富。郎州筑堰，唐转温造之官，绍兴掘湖，宋进吴芾之秩，利寔倍于二代，赏何靳于一资？特进衣褂，俾奖歌袴。于戏！填淤泻潟，绩既留于钳虏，宣泽覃仁，治益励于封洫，故兹教示想宜知悉。"

行状

先生讳存敬，字守吾，号竹溪。金氏系出光山，有讳兴光，其上祖也。四传讳策，谥文贞。再传讳良鉴，谥文安，使大宋，画太庙国子图而还，苏东坡赠以诗。又七传讳台铉，谥文正，号快轩公，其裔也。曾祖讳春（本椿），命生员，赠承政院左承旨兼经筵参赞官。祖讳诚，奉训郎，赠吏曹参判兼同知义禁府事五卫都总府副总管。考讳彦勖，号瑞石，不事科业，专意圣学，壬辰倭乱与道内诸贤倡义扈驾，朝廷举遗逸，屡除景阳道察访、掌隶院司评，辞不赴，隐德以终，乡人立祠俎豆之。妣赠贞敬夫人，兴阳李氏生员蘅女。隆庆三年己巳正月三十日，先生于潭阳大谷，自龆年，颖异出凡，读书数遍辄成诵，克遵庭训，式绍世德，文学夙阐，行义甚高，当时士友莫不敬重之。已丑中司马。丙申，瑞石公易箦，先生持制，一遵礼制，与弟德严存畏，友爱笃至，敦恤宗族，缌服同鼎，乡党称孝友焉。服阕之翌年，己亥秋，登别试丙科，殿试之日，适值雷雨，天地昏黑，纸墨难分。而庭对之策，夜借电光而书进，至今其试卷风雨之痕尚如昨。初拜成均正字兼奉常寺参奉。庚子春，升著作转博士。辛丑夏，拜居山道察访。居山旧俗有巡点邮卒征捧赎布之例，而悉皆蠲停驿，民咸诵其德。秋，移拜输城道察访，辞不赴。十月，除海美县监。壬寅冬，除康津县监。夫马迎送之费，皆自办焉。凡系民间废瘼，亦皆革祛。甲辰，以善治因御史尹暄之启，有表里之赐。丙午夏，拜刑曹佐郎。秋，接伴天朝赍诏官，旋授黄海都事，辞递。戊申四月，拜户曹正郎兼春秋馆记注官。冬，拜司谏院正言。己酉春，拜司宪府持平兼春秋馆记事官，寻拜千秋使书状官朝京。庚戌夏，拜刑曹正郎兼春秋馆记事官。冬，除关西敬差官。辛亥春，拜司宪府持平，进封事极言禁奢侈、振纪纲、信赏罚、斥奸邪、察民隐、谨天灾之道，上优批嘉奖。秋，以京试官试士于公清左道，时称考鉴之公明。十月，除金堤郡守。壬子二月，拜礼曹正郎，移拜信川郡守。癸丑春，除京畿都事，俄拜成均典籍。秋，递授文宣传，移拜户曹正郎，又升通礼院相礼。甲寅，升拜济用监。正二月，除三陟都护府使，莅任数载，兴学之教、劝农之政，靡不用极，其他教训，亦皆公正，阖境竖碑颂德。乙卯夏，以善治，御制论赏，加通政。丙辰春，弃归。三月，以在三陟时军器别备事论启又升嘉义。秋，拜都总府副总管。丁巳，拜兵曹参判，移拜同知中枢府事。夏，以圣节使朝京。戊午夏，还朝，即拜知中枢府事，旋拜江原道观察使兼兵马水军节度使。庚申夏，除庆州府尹兼庆州镇兵马佥节制使。公历践台司，屡典州郡，而常以王纲之解弛为忧，故辞尊而居卑、辞内而处外。然每有召命，辄再三疏辞，终未得递，然后乃就职。一以勤俭为治，故立朝三十年曾无谴过之及，世以明哲目之。癸亥三月，闻改玉之报赴阙。夏，拜同知中枢府事。秋，差庭试试官。冬，还乡，及遭德岩公之丧，不复就仕，教迪乡党后学之士。甲子，适贼之变，力疾扈驾。丙寅夏，拜都总府都总管，病递。丁卯春，建虏渡江，列镇瓦解。王世子分朝南下，公即自奔问自尼山，陪扈至完山，和议成，赋诗以寓忠愤而归。戊辰夏，又拜知中枢府事，即往京肃谢。己巳，拜五卫将，疏辞。尝筑亭于所居南数里许，而名以三流，日与郑畸庵弘溟、曹数竹弘立、高晴沙用厚诸贤觞咏其间。崇祯四年辛未闰十一月十九日亥时，考终于家，享年六十三。壬申三月十三日，葬于大谷面大喜寺先茔侧，负艮之原。遗稿散逸，略有裒集，藏于家。配贞夫人，阳城李氏郡守彦诚之女，墓祔左。生二女，长适承旨赠领议政。安东金光赫。次适生员，扶宁金瓒。继配贞夫人，新平宋氏，忠顺卫叔男女，墓祔前。生一男二女，男曰迁御侮将军龙骧卫副司果，行醴泉郡守女。长适参奉朴珍季，适县监李希曾。金光赫子金寿兴，领议政，号退忧堂，女李慎。县监金洪庆，牧使赠领议政。吕曾齐，牧使。金瓒子金晚寿曰迁五男一女，男长弼贤奉事，次弼良通德郎，次弼明、弼秋、弼屹，通德郎，女县监廉公吾，弼贤四男，义行、义徵、义衡、义衍。弼良三男，义重、义贞、义健。弼明一男，义直。弼屹一男，义连。嘉善大夫金寿兴子金昌说，郡守金洪庆子金宇梁、佥正金宇杭，右议政忠靖公女李行述，奉事女张致显，曾玄多不能尽录。呜呼！公资质真醇、器度宽裕、濡染家庭、早著德义之名，从游士友素有山斗之望，承顺其志，甘旨其供公之事亲也。饮食必同，衣服相让，公之友弟也。至于敦宗族、周贫乏之高义，皆自实德中流出，接宾友、应事物之勤意，常以古君子为则焉。先辈之亲，知者皆待之以长德君子，而其不知者亦不敢以侮慢加之。常从学于沙溪金先生之门，许以道义之交，益切宗亲之谊，亦可以见修身治心之殊异乎众矣。及其出身事主也，勤于职事、严于名分，纲纪之颓弛、生灵之涂炭，勤勤恳恳，章奏谏诤之间，不以进退而不同，不以夷险而有间，再饮冰而不辱王命，屡剖符而克分宸忧，然时与志违，不大其施，可胜痛哉！公之没后，屡经沧桑，遗迹存者殆不可考，谨录见闻所及，以告立言之君子云。

崇祯后三癸亥仲夏，宗后学孝陵参奉允秋谨状

十世祖竹溪府君遗稿重刊后叙

按府君以忠厚之质、卓荦之才，早学于沙溪先生门下，宜有传受旨诀，而无文字之概，见于家乘者抑未知其故何哉。窃念家运中世零替不振，趁未收拾而又于兵燹中，然耳其幸存而未泯，旧有所锓梓而藏于家者，不过出身立朝星槎，日记诗文论策疏章，略干编而已。其于当世士友之所公诵远者大者，阙漏而无闻焉，则此云仍之不能无抱恨于三百年之后也，况旧本亦未免于编辑之失序，字画之差误重为之，慨惜不可不整正而重刊之也，其间终有所未解者，则不敢辄补葺而改删之，事体郑重亦恐未保其无爽，实故姑仍其旧以竢知德君子，惟此残稿不足为府君重轻，而后之览此编者有以考焉，则亦可知沙门之贤弟、穆陵之名臣矣，然则其非不肖大憾之小幸耶？并记之以勉嗣，是而续修之者云尔。

岁在乙丑流月上旬，不肖后孙明洙盥手谨跋

竹溪先生遗集跋

右编即我叔祖竹溪先生遗集，先生从师沙溪先生，得闻性理之学，而又与金清阴、权石洲、郑畸翁、曹数竹、高月峰、金晚德诸名胜讨论经旨，可想其渊源之正、丽泽之深矣。再使天朝，卫国输忠亦可见勤王之诚矣。呜呼！当日著述宜有不尠而不但六丁收去，间经沧桑其所梓辑，十不存一，诗论策疏书略干等篇仅保无恙，虽或以少为嫌，然余则不然。君子之诗，盖出于性情之正而典重温雅，无操觚家浮夸之态，崑山片玉桂林一枝，犹为希世之宝，何必多乎为珍哉！旧有所刊行于世者犹未免于豕亥相杂，今其后孙明洙惟是之惧，重刊正其意，可谓诚且勤矣，澈铉忝在旁裔，亦相其役而略叙颠末，以寓平日景仰之怀云尔。

岁舍乙丑流月下瀚，旁后孙澈铉谨跋

参考文献

一、古籍资料

1. ［朝］徐居正等编：《东文选》，朝鲜刻本.

2. ［清］尤侗：《外国竹枝词》，清代刻本.

3. ［朝］洪大容：《湛轩书》，朝鲜刻本.

4. ［罗］崔致远：《孤云集》，朝鲜刻本.

5. ［朝］郑汝昌：《一蠹集》，朝鲜刻本.

6. ［朝］林宗七：《屯坞集》，朝鲜刻本.

7. ［朝］金存敬：《竹溪集》，朝鲜刻本.

8. ［朝］金尚宪：《清阴先生集》，朝鲜刻本.

9. ［朝］成浑：《牛溪年谱补遗》，朝鲜刻本.

10. ［朝］朴光一：《逊斋集》，朝鲜刻本.

11. ［朝］郑道传：《三峰集》，朝鲜刻本.

12. ［朝］权相一：《清台先生文集》，朝鲜刻本.

二、研究专著

1. 王鑫磊. 同文书史——从韩国汉文文献看近世中国［M］. 上海：复旦大学出版社，2015.

2. ［日］夫马进著，伍跃，凌鹏译. 朝鲜燕行使与朝鲜通信使［M］. 北京：商务印书馆，2020.

3. ［韩］洪在烋. 北行歌研究［M］. 庆山：韩国晓星女子大学出版部，1991.

4. ［韩］林基中. 燕行录全集［M］. 首尔：韩国东国大学出版部，2001.

5. 王天有，高寿仙. 明史：多重性格的时代［M］. 北京：中信出版集团，2017.

三、研究论文

1. 葛兆光. 揽镜自鉴——关于朝鲜、日本文献中的近世中国史料及其他［J］. 复旦学报（社会科学版），2008（2）.

2. 张士尊. 元末明初中朝交通路线考［J］. 鞍山师范学院学报，2008（8）.

3. ［韩］郑羽洛. 朝鲜时代岭南儒士的山水游览与指向意识［J］. 南冥学，2014（19）.

4. ［韩］郑在薰. 燕行使所体验的朝鲜和清之间的三个分界地［J］. 退溪学和儒教文化，2013（52）.

5. 朴日成，徐东日. 论朝鲜朝文人南龙翼使行汉诗中的华夷观［J］. 延边大学学报（社会科学版），2021（3）.

后　记

本书有感于“东升西降”的历史大变局，旨在以东亚视域审视自我，以他国之眼发掘地域文化。

本书选取的研究对象具有东亚儒学之共性和特性。朝鲜儒士金存敬学识广博，通达文史，深谙仪礼，并于政事和日常一以贯之。其两次出使明朝，留下了大量珍贵的纪行资料，深究即可为他山之石。从《竹溪集》的两次刊刻便可知其对于家族、地域、国史之重，可谓汉官犹坐其中。所以，域外儒士与典籍应当得到重视。因笔者视野有限，仅将拙稿献于学界，唯愿有引玉之薄功。

本书在写作和点校过程中得到了诸同道的支持和帮助，韩国庆北大学人文学院郑羽洛教授肯定了本书选题，并欣然题序。河北大学文学院刘青松教授拨冗指正原典录文中的焉马之误，河北大学文学院郝一帆、杨紫颖、李特、郝亚路、尚莹轩等诸生皆为本书第一批读者，她们提出了一些完善意见。在此一并表示感谢！

作者

2021 年 8 月